不同的語音

心理學理論與女性的發展

王雅各　譯

IN A DIFFERENT VOICE

Psychological theory and Women's Development

Carol Gilligan

Harvard University Press
Cambridge, Massachusetts, and London, England

Published by arrangement with Harvard University Press

譯者簡介

王雅各

✿ 學歷

美國芝加哥羅耀拉大學社會學博士

✿ 現任

國立臺北大學社會學系教授兼系主任

✿ 專長

社會學理論、性別研究、媒體與文化批判、藝術社會學

✿ 著作

臺灣男同志平權運動史。臺北：開心陽光出版社，1999。

臺灣婦女解放運動史。臺北：巨流圖書公司，1999。

性屬關係。臺北：心理出版社，1999，編著。

文明化的儀式：公共美術館之內。臺北：遠流出版公司，
　　1998 譯，原作者 Carol Duncan。

藝術的魅力重生。臺北：遠流出版公司，1998 譯，原作者
Suzi Gablik。

譯者序

當我在鳥語花香、春光明媚的北卡大（當然是相對於冰天雪地的威斯康辛）安頓下來的時候，卡若・吉利根的書《不同的語音》才熱騰騰的剛出爐。辦完註冊逛書店時我就買了赴美留學之後的第一本「閒書」。夾著雖然被當兵扼殺得幾乎蕩然無存（原先是強烈狂熱的）對心理學的興趣，我簡直就像是看武俠小說似的看完了這一本書。平心而論，那時充其量只是在字面上理解《不同的語音》。

碩士班第二年被符號互動論附身，修了兩門相當於社會心理學的課，第三年結束時甚至很認真地思考唸臨床、諮商或教育心理。現在看起來碩士班的許多事，至少間接的都和《不同的語音》這本書脫不了關係。再次想到卡若・吉利根已經是博三開始寫論文時。做田野調查的過程中，一再地遇到女性學生運動員在理解和表達社會運動上（與男性學生）的不同，也讓我有機會去深入思考卡若・吉利根所討論的有關「公平」、「正義」、「關愛」、「責任」及「權利」概念上的性別差異。

回國的前九年做的全都是攸關性別（主要是婦女）的研究。所有的英文文獻中都陰魂不散的瀰漫著——以各種方式——「本質論」對「建構論」、「生理」對「心理或文化」、「相同」對「差異」、「一元」對「多元」的各種論辯和討論。在那段日子裡，我非常真心的期望（等待著）台灣的心理學界能夠翻譯並且討論這本書。

然而升等之後緊張的情緒久久無法平復，妻建議我帶著孩子去度個暑假。整理行囊時莫名其妙的帶了這本書，帶著孩子去哈佛又巧遇了以前的大陸同學，她告訴我肖巍在一九九九年已經把這本書譯成中文簡體字版。這個消息成了壓垮駱駝的最後一根稻草，二〇〇〇年的春天我開始著手翻譯《不同的語音》。

我認為卡若・吉利根的這本書是過去四分之一個世紀心理學界中最重要的一本書（或者之一）。她從人們的常識性理解入手，以科學的方法建立了一個嶄新的論述：與男性相較，女性有著不同的發展途徑。不僅如此，在提出此一論點的過程中，卡若・吉利根以充分的論據極有說服力的指出以往有關人類發展的理論是以男性為基礎（和中心），因而是性別盲的。同樣重要的是，《不同的語音》並不是以推翻男性的經驗為論據，它反而是主張——在指出了傳統觀點的缺失之後——以含括女性生命週流經驗的方式為基礎，而建構一個更為完整和全面理解人類發展模式的企圖。

就這樣的目標和進行的方式而言，卡若・吉利根的這本書可以被視為是女性主義知識論建立的典範。其實在翻譯的過程中，我一再地回到我自己在台灣的成長過程，並深刻的體認了此地在社會化女性和男性中與美國社會的相似之處。

初識此書時，正是我結束一段感情的前夕，而回國之後結婚、為人父等經歷又讓我對教養孩子有了份外深刻的體認。記得二〇〇一年的暑假，有幾次當我坐在波士頓西郊姊姊家中的起居室望著屋外的草坪斟酌著不同翻譯字眼時，想到了我教導兒子的不同方式，以及他在社會中所遭遇的強大壓力而潸然淚下。我相

信真正的學術該是被落實在日常生活之中的。

　　很高興在此書問世的二十週年時我能夠完成翻譯。我也誠心的邀請國內的心理學界和一般讀者，針對這本書做各個面向的討論。甚至我期望能有本地的學者能夠做一個和吉利根一模一樣的研究以便和《不同的語音》對話——或者批判傳統心理學中的男性偏見。

　　這是到目前為止，我所翻譯過篇幅最短但耗時最久的書。我要感謝妻的支持和鼓勵，兒子易恆的忍耐和包容；研究助理蔡雲威幫我做了品質絕佳的文書處理。此外，農曆年前過世的岳母在生活上給了我很大的支持和援助，我常覺得她就像是吉利根筆下最典型的女人。這本書——如果翻譯也可以被稱／視為創作的話——用來紀念她和所有心地善良、用心過生活、努力維繫（和建立）人際關係的女人和男人。

　　　　　　　　　　　　　　　　　　王雅各於家中
　　　　　　　　　　　　　　　　　　二〇〇二年三月八日

6

致讀者的信（1993）

　　我在一九七〇年代初期，也就是第二波婦運出現的時刻開始撰寫《不同的語言》。當我告訴現在的大學生於一九七〇年春天在反越戰抗議示威的高峰時有肯特州立大學（Kent State University）的學生被國民兵（National Guard，亦稱「美軍」）射殺，因此導致當年的哈佛大學取消了期末考也沒有舉行畢業典禮的情形時，學生都覺得難以置信／不可思議。在那當頭學校裡的活動戛然而止，而知識的基礎也面臨了一個重新的檢驗和質疑。

　　一九七三年，美國最高法院在露對威德（Roe v. Wade）判例中判決墮胎合法化，在此同時也暴露了支撐男、女及親孩關係的觀點。當最高法院視女人擁有為自己發聲，及賦與女人在牽涉到攸關生死責任人際關係中複雜事項／議題的合法決定權之後，許多女人開始察覺到影響她們訴說能力的一個內在聲音力量。那個內在的或者被內化的聲音告訴女人說：把自己的聲音帶入人際關係是**自私的**，也許她並不真正知曉自己需要什麼，或者她的經驗在思考該採取何種行動方針時並沒有提供一個可靠的指引。女人往往感知到去說甚至思索她們自己在想什麼、要什麼是危險的——會讓別人不高興也因此有可能威脅別人放棄她們或者報復。在我研究的關係脈絡中，和女人的對話為保密的協議所保護且尋常的權威結構，被我以向案主學習的方式所逆／倒轉，許多女人在那些艱辛和困苦的情境裡其實知道怎麼思考和怎麼做會對她們自己最好。但許多女人卻擔心若說了，別人會譴責或者傷害她們，

也許別人無法傾聽和理解、顧慮訴說之後甚至會讓自己更混淆／亂，因而保持看起來像是**無私無我的**，放棄自己的聲音以保持平和的人際關係。

一位女研究生某天在口試中說道：「若為自己代言」——然後她就停了。聽到失聯的聲音——在她自己和她所說的話之間的分離，她開始質疑她與她所說和沒有說的話之間的關係。她在對誰說話，在和自己的關係上又是身處何處呢？在露對威德案後許多女人公開地質疑屋中天使的道德觀——詩人派特摩（Coventry Patmore）所提出十九世紀的不朽女性神祇偶像：那個只為別人發聲和行動的女人。藉由在人際關係中默不吭聲的後果經驗裡發現——無私無我行為所導致的麻煩——女人以一種不朽的方式曝露天使的道德：放棄發聲，並從人際關係和責任中逃逸。天使的聲音是個維多利亞時代的男人透過一個女人的身體所發出的聲音。維吉尼亞・吳爾芙（Virginia Woolf）體認到，如果她想要以書寫來彰顯女性在沉寂偏誤的女性聲音，以使自己能夠發聲的的話，她必須和此天使奮戰。

就是這發聲的選擇引起了我的興趣。女人發現，勉強自己無私無我以便建立人際關係的問題，在解放女人的聲音以及從而知道女人所明白（的知識）是很重要的。那有點兒像是看到表象之下的深層，或是讓潛藏在人類對話中的伏（暗）流浮到表面上來：什麼是已知的，什麼是未（不）知的，和那些感覺到但並沒有被說出的。女人選擇不說／保持緘默／或甚至將自己和所說的話語分開，有可能是刻意的或是不知不覺的，有意識的選擇或者藉由縮減連接呼吸、聲音的話語通道，在腦海中保持著一個高的

音調以使它不致於攜帶深刻的人類情感／緒，或者情感和思緒混合，或者以聲音改變得用更為保留的或非個人的音調交錯的運作並由身體所啟動的方式完成。女人選擇保持沉默通常是顧慮到她／他人的感受，和自己與別人生活現實性所促發的心理保護作用和良善意圖。然而在限制自身的聲音中，許多女人自覺或不自覺的就強化了那建立在與女性失去連結的男性語聲和生活秩序的文明當中。

從艾瑞克森（Erik Erikson）那兒我學到了妳無法將生命／活從歷史中抽離，生命史和歷史、心理學和政治是夾纏不清的。傾聽女人，我發現了差異和替女人在心理學上與歷史上所帶來／導致的生命／活改變。它事實上改變了聲／語／話音：人的故事是怎麼被訴說以及是由誰在敘述的。

現在，在距離我開始書寫《不同的語音》之後的二十年，我發現自己和這本書在一堆積極、生動和往往善意的有關女人聲音、有關差異、有關於知識的根基，或者是現在被稱為是有關女人和男人以及她／他們與孩子之間關係的**正典**討論當中。在心理學中這些問題導致了對於研究方法、心理評量和心理治療在應用上一些極為嚴肅的重新思考。而在教育的領域裡，這些問題則是激進、前衛且改疆闢土的。對於那些有著和我截然不同生活／命經驗的人和在相當不同（學術）領域活動的人，我學到了以嶄新的方式去傾聽我自己的聲音。舉例而言，身為心理學家我認為人們在身體、家庭關係、社會與文化位置會對她／他們造成影響是理所當然／不言自明的。傾聽法律學者，特別是敏鬧（Martha Minnow）在她《造成差異》（*Making All the Difference*）的書中

所言，讓我逐漸理解迥異於討論或理論化差異的說詞，和明白為何有些人在法律補救措施提及差異時是吞吞吐吐／猶豫不決的。

我也在朵渥金（Ronald Dworkin）最近在《紐約書評》（*New York Review of Books*, June lo, 1993）中所發表的文章〈女性主義與墮胎〉（Feminism and Abortion）中聽到了知音。布蘭基（Mary Belenky）和我所訪談的女性主義法律學家的研究導引了朵渥金——在本書第三章和第四章所記錄下來的女人們的聲音。二十年之後的書寫，他也深深地被當時我覺得很震撼的東西所驚訝：這些女人聲音之間的差異和大眾在墮胎爭議上所使用的術語（**有關於權利和謀殺尖聲喊叫的修辭**）。仔細傾聽青春期和成人婦女的聲音，他發現它們是發人深省的，因此他也得到了在我當時得到時顯得激進和很難自圓其說的結論：「**決定是否墮胎並不是一個失聯於所有其他決策的特別問題，而是一個人在一生中必須有所抉擇的戲劇性和惱人的決策案例。**」

在《不同的語音》出版之後，有許多人和我談到了她／他們的生命／活、婚姻與家庭、離婚、工作、她／他們的人際關係和孩子們。我也很感激那些由我從來沒去過或者沒辦法去的地方寄給我信、書和文章的人們。她／他們的經驗、不同語音的案例以及她們的理念，常常以極富創意的方式複雜化了我所書寫的文本。在此期間我也和在哈佛有關女性心理學與女孩發展計畫中的布朗（Lyn Mikel Brown）、羅傑斯（Annie Rogers）和其他成員們共同工作。在此計畫中，我們試著連結女性心理學和女孩的聲音，以便使心理學能夠發展出一種新的聲音——就如吳爾芙在一九三〇年代所說的「找出新的詞彙和創出新的方法」表示了期許

女人的生活／命、教育以及她們的進入專業（職場）能夠打破暴力和支配的歷史循環。在努力邁向此一願景時，我覺得和米樂（Jane Baker Miller）的研究非常投緣，並且從她極激進的洞見：「女人的情境是了解心理（學）秩序的一個重要關鍵」中得到激勵。

當我持續地探索在政治秩序、女人與男人生活／命心理學間的連結時，我益發地察覺女人的聲音在維繫或轉化父權社會上所扮演的重要角色。藉由積極涉入此轉變過程，我發現自己和這本書成為一個心理學和政治學熱烈爭議的核心，在其中清醒／正常和權力是舉足輕重的。

在傾聽人們對於《不同的語音》的反應時，我經常聽到一個自己在書寫時一再經歷的兩個步驟：以一種不同的陳述方式，傾聽女人並覺得有些新意，然後快速的此一差異順應入老的類屬式思考因而失去了它的不同和訊息：這是自然還是文化？女人比男人較好或較差？當我得知我的研究是被以是否女人和男人是真正的（本質的）不同或者誰比誰好的語言所架構時，我就知道我失去了自己的聲音，因為那並非我所提問／關切的問題。反之，我的問題是有關我們對於實體和真理的知覺：我們如何知曉、如何傾聽、如何觀看和我們如何言說。我關切的是聲音和人際關係。同時，我想理解的是有關心理學和理論的過程，特別是男人在其中的經驗代表了所有人類的經驗——那些遮蔽女人的生命／活並關閉女人聲音的理論。我見到了以維持這些觀看和敘述人們生活／命的方式，男人排除了女人，但女人卻遺棄自己。用心理學過程的術語說，對於男人而言的一個分離／裂的過程，女人則需

製造一個內在區分或精神分裂的失聯。

這些事物並不是我天真的在做憑空抽象的思考。我的研究是植基在傾聽。我挑揀出那些在男人和女人聲音中那些失聯和失調的部分／音節。我開始懷疑：為何男人在談到他們和他們的生活／命時，或者更一般性的在談論人性時，常常像是他們和女人沒有瓜葛，好像女人並非他們的一個部分。我同時也質疑：為何女人在說到自己時好像是無私無我的，好像她們沉寂無聲或者從沒感受到自己的需欲？女人發現要無私無我意味著和人際關係的斬斷是個革命性的創見，因為那挑戰了由父權或文明所生／製造的在女人之內和由女人所生的失聯。這些以愛或人際關係為名所做的證成，等同於在道德的名義下所產生的違規和暴力的合法化。

在抗拒這些證詞的不同語音是個關係的聲音：一個堅持要連結及尤其重要的是保持和女人的連結的要求，如此那長久以來被以自治／主、自我和自由為名來驗證為合法心理學上的分離，再也不被視為是人類發展上顛仆不破的真理，反而被當成是個人的問題。

對別人有反應與她／他人一體行動，以及顧慮旁人的感覺、情緒和思考而非漠不關心。我在我逼迫她們自責、自棄和自我否認的強大勢力並陳時，我詢問女人為何同理心和體貼是好的，對自己有反應就是一種**自私**？許多女人回答：「真是個好問題／問得好」。當我在哈佛和艾瑞克森及寇薄（Lawrence Kohlberg）一起研習並在心理學中講授佛洛依德（Frend）和皮亞傑（Piaget）的傳統觀點時，課堂中有許多女人會以慧點挑戰／質疑主題中基礎邏輯的方式提問。現在憶及這些片刻，我也能聽到我自己內在

分裂的聲音，我對女人說：「那是個很好的問題」然後加上「但那和我們的討論無關」。

在問到我自己和其他女人對於**我們**的關係為什麼是如此長久的缺乏自我反思時，我也詢問男人們和這一個**我們**的關係。難道在《奧德賽》（*Odyssey*）、《伊里亞德》（*Iliad*）或者其他版本英雄傳說──有關激烈的分離和暴力的故事──是男人用來訴說他們自己的典型的故事嗎？有關於人們生活最基礎的問題──我們如何生活和做些什麼事──是有關於人類／際關係最根本的問題，因為人們的生活是緊密地在心理上、經濟上和政治上連在一起的。重新架構這些問題並且讓這些關係的現實清楚明白──如何以與在和她／他人的人際關係中存／生活，怎麼面對衝突──我發現我聽到了女人和男人不同的聲音。突然之間女人的聲音變得很有道理且女人對於面對／解決衝突的徑路往往發人深省，因為她們不斷地關心如何維繫人際關係並保持人與人之間的連結。由於對人際關係的顧慮使得女人的聲音顯得**不同**，在一個充斥著／專注在分離和病態的執著於創造和維繫人和人之間疆界的世界裡──就如在佛斯特（Robert Frost）詩中的新英格蘭人所說的**緊實的籬笆創造好的鄰居**。然而，在當我開始書寫時對於人際關係的關懷在相當程度之內被視為是**女人的問題**。

在美國社會的情境當中，分離、自治和獨立是如此歷史悠久地被建立起來，而且被一波波的移民潮所強化是紮根在自然權力論的傳統中以致它們幾乎不假思索的被當成是既有的事實：人們的本性傾向分離、獨立於她／他人之外且自我管理的。質疑這些**事實**好像是在懷疑（否定）自由的價值，然而並非如此。對於分

離的提問與挑戰自由的概念無關，反而是看見並訴說人際關係。拿個最近的例子來說好了，不論怎麼看哥倫布——不管一個人如何評斷他和他的任務——事實是他並沒有發現美洲大陸：早就有人住在那兒了。在一個相當不同的形式下，不論一個人是如何傾聽希爾（Anita Hill）有關於她和湯瑪斯（Clarence Thomas）關係的證詞，事實上有許多女人知道到底這是怎麼一回事，因為她們也在生命中經歷了極為類似的事件／經驗。就如同修正過的有關哥倫布的故事，一個自治的幻影被一個不同觀點的聲音所推翻：美洲印地安人是美洲的原住民；在工作場所中的性挑逗言語是性騷擾。在我研究的核心是一個有關在心理學和美國社會中，價值觀漸漸地似乎變成了事實的論點。

自從《不同的語音》出版後，這麼多年以來人們所問我的許多問題裡，有三種經常出現且直抵核心／切中要害的：有關聲音、有關差異和有關女人和男人發展的問題。在思考這些問題以及從別人作品中的學習，我慢慢了解，聲音、差異和發展是遠超過我在寫這本書時能掌握／理解的。我也在過程中更加明白這本書的兩部結構：在心理學理論和女性心理發展之間的關係，包括了心理學理論變成處方／建議性的方式。在外圍的章節（一、二與六），我引介了一種關係的聲音並發展出一些和傳統有關訴說自我、人際關係和道德、對概念相對立／應的論點，同時也提及了誤解、衝突和成長（等議題）。至於內部的章節（三、四和五），我則重新框架女人的心理發展，為環繞在建立連結上的掙扎而不以一般心理學家的方式來說女人——在獲取／達成／追求分離上是有問題的。

我先從聲音開始講。在聲音中一位最重要的戲劇學大師林克雷特（Kristin Linklater）的研究導引我至一個新的理解和對我自己研究主題的深入掌握。她對於人類聲音的分析給了我的心理學一個物理學（的理解）——一種了解聲音是如何在身體、語言和心理學上是如何運作的方式、由此而生的解釋，及我描述事物的心理學過程的方式。從諾爾（Normi Noel），一位演員、導演和累積了林克雷特和佩克（Tina Packer）研究成果的聲音學教師那兒，我學到了有關合音以及對於聲音如何訴說人際關係的嶄新理解方式——它是怎麼被關係的連帶所拓／擴展或限制。所有這些在劇場中工作的女人對於聲音有著物理的、文化的和心理學上的理解。林克雷特提到了**釋放自然聲音**，她第一本書的意思是妳／你可以分辨開放頻道的聲音——物理上的音節和呼吸；心理上的感覺與思考；文化上有豐富的語言資源骨肉相連——以及被損害和阻礙聲音之間的區別。與林克雷特的合作我聽到並經驗／歷了她所說的差別。我也從和諾爾的合作裡挑出人際關係的合音，並跟隨人們在一個可以與別人協調或唱和所發出的聲音，到情境轉換為沒有合音、驚慌恐懼使得聲音顯得單調平板或死氣沉沉的變化。

　　在我研究中的經驗性基礎有了如此戲劇學／性的拓展之後，我發現當人們問我**聲音**是什麼意思時就比較容易回答。我的意思是聲音就是聲音。我會說，聽，就某種意義而言答案是很簡單的。然後我會想起若無合音時說話的感覺，在我開始寫時，對許多人而言是如何，若無合音對我又是如何。有聲音就是做為一個人。有些什麼要說就是一個個體（的人）。但訴說端賴傾聽，那

是個深刻關係性的行動。

當人們問我說聲音是什麼時我會更反身／射性的去想一想，我會說聲音就是人們說話時候的意思（語言、音節內容的指涉物），也就是她／他們在自我上的表達。聲音是自然同時是文化的。它包含了呼吸及音節、字彙、旋律和語言。同時聲音是個強而有力的連結內在和外在世界的心理學的工具和頻道。訴說和傾聽是一種生理上呼吸的形式。這一持續不斷的人們關係上的交換是由言語和文化、變異和多元性所中介的。就以上的原因而言，聲音是一個明白心理、社會和文化秩序的新關鍵——一個人際關係和心理健康情形的測試。

在一篇介紹莎士比亞劇作的文章中，巴滕（Anne Barton）做了一個有關語言的觀察是適用在現今有關文化和聲音的討論：「語言無法存在於真空中。即使在看起來是最平凡和幽默的層次上，語言依舊是存在於人類之間並要求說者考量聽者、感受／情緒和本性的溝通工具。尤其在愛情中，這是真確的——但這在更為一般平凡關係中也是成立的。」在這有關愛和語言的劇本裡，異性戀的愛情需要一個語言上的改變，跟隨著男人並不了解他們在言詞上所說的相愛的女人的展示：「溫和但堅定的，男人被送走去學習一個女人早已知曉的：如何讓說詞和事實以及情感／緒上的實際兼容並蓄，相對於僅把它當成是個侵略的工具，無聊的逗趣或衝動的殘忍性。」

在《腹語術聲音》（*Ventriloquized Voices*）中哈維（Elizabeth Harvey）探索了為何及何時，文藝復興時期和現在的英國男人會選擇創造女性的聲音或者借由女性的身軀發聲，而以此方式實施

腹語術。我發現她的分析極為有用，因為她非常清楚的知道在認識論上是否一個男人知道身為女人是怎麼回事，以及隨之而來他是否能代女人發言倫理和政治的問題：男人替女人代言或者創造一個女性的聲音會有什麼倫理和政治的考量？當我和女人談論有關於衝突的經驗時，許多女人無法分辨／區別人為或社會建構的女聲和她們所聽到的自己的聲音。然而女人**能夠**知道其間的差別。放棄自己的聲音就是放棄人際關係，也等同於放棄所有和做選擇相關的事物。就是部分因為聲音和選擇之間的連結，使得露對威德案的決定促發或合法化了許多女人和男人在心理和政治上的成長過程。

　　這也帶到了我對差異的討論。在一九七〇年代初期當我是寇薄研究助理的時候，我發現他的論點是強而有力的：在浩劫和中間通道之後心理學家和社會科學家不適宜採取一種倫理中立，或者文化相對論的立場——宣稱人們不能對價值觀說些什麼或是所有價值都是文化相對的。這種不沾鍋的立場在面對暴行時成了一種共犯的姿態。但是那些由寇薄和其他人在傳統正典社會科學研究法中所採取的所謂公正、客觀是盲目於聲音的特殊性和不可避免觀點的建構。不管在先前它們是顯得多麼善意和有條件的有用／效，它都是植基於掩藏權力和虛偽知識的偏誤中立性之上。

　　我曾試著把攸關差異的討論從相對主義轉到人際關係，將差異視為人類情況的標示而非一個有待解決的問題。阿特（Robert Alter）在《舊約敘事的藝術》（*The Art of Biblical Narrative*）中觀察到了在古希伯萊作家發展出一種敘事藝術，因為唯有透過敘事，她／他們才能傳達一種生動且反身／射性活著人類生命的觀

點，「在時間的轉換媒介下，冷酷地、困窘地與和她／他人的關係中」。目前我發現女性作家特別是非洲裔美國詩人與小說家，她們援引一個口語／聽力的文化傳統和烙印化與複雜的差異經驗，引領著一種針對現在許多人所關注的問題解答反應的發聲藝術：如何以一種能夠重新提到我們對於人際關係的討論和真理訴說的方式以使差異得以發聲。

在議論**差異**以及其後的理論化（差異）中的一個問題是它極易與偏差等同，而偏差則在一個偏執注重正常的社會中，在統計的霸權和歷史性懲罰的氛圍中變成原罪。在《最湛藍的眼》（*The Bluest Eye*）中莫里森（Toni Morrison）展示了一個柏拉圖式標準化的美感定義，一個**母親**、**父親**或者**家庭**的理念型態如何地影響了那些在身體上不符合標準的兒童、雙親或者家庭。在這一部早期的小說裡，莫里森給與一個強暴女兒的父親聲音，刻畫出心理的線條使讀者能夠理解並且不僅從女兒同時也從父親的觀點來談論這種型態的侵犯是如何發生的。在《摯愛》（*Beloved*）中莫里森給與一位將自己女兒殺死以免她被抓回去繼續被奴役的母親聲音，以這樣的方式探索那隱藏於心理學和道德發展中的心理學的和倫理（道德）學上的問題：關愛／懷意味什麼，或者對於一位深愛自己子女並活在一個種族歧視和暴力社會中的女人關愛／懷會帶來何種後果──一個既傷害女人又傷害男人的社會。

當我發現自己被現今有關差異的討論所困擾的時候，就是我發現它們那些沒有被發聲和令人不安焦慮的熟悉──誰在訴說是曖昧不清的，被說的人自己並沒有聲音，談話朝向永無止境的客觀主義和相對主義的循環，遮掩著進入那古老的哲學或本體論上

那些到底有沒有一個阿基米德點的問題，以及到底有沒有神。一位朋友引述斯坦迫爾（Stendhal）的話說：「**神的唯一藉口是祂根本就不存在**」，而即使這個談話在當代的圈圈中都導回性屬差異，支配和權力的討論。我發現是否性屬差異是生物決定的或社會建構的問題是極端惹人嫌憎的。如此設定問題意味著人們，女人和男人一樣，是生物決定的或是社會化的產品／成果——其中沒有聲音——而缺乏聲音就沒有抗拒，沒有創造、或者那些心理上改變的可能性。最糟糕的就是現今把心理學化約到社會學，生物學、或者兩者混合只會造成阿恩（Hannah Arendt）和歐威爾（George Orwell）所警示我們的那種控制——手掌對於嘴巴和喉嚨的掌控、聲音的窒息及語言的死亡所造成讓法西斯主義集權統治出現的情境、連結於現今令人好奇的不言自明的**政令文宣**的生理麻痺。

　　道德問題是人際關係的問題，而在追尋一個關懷／愛倫理的發展時，我探索那非暴力人際關係的心理基礎。這一關係的倫理超越了年代久遠的自私和無私無我間的對立，那道德論域中最具代表性／典型的字眼。對許多人來說尋求一個超越這些錯誤二分法的努力，代表了一個將道德討論從如何爭取客觀性和撤離的問題，到怎麼持有反應的去涉入和關愛／懷的扭轉潮流的嘗試／企圖。赫許曼（Albert Hilrschman）這位政治經濟學家和《出走、聲音和忠誠》（*Exit, Voice and Loyalty*）的作者把出走的乾脆俐落對照於聲音的混雜和傷痛。離開遠比進／涉入容易。人際關係因而需要一種勇氣和情感／緒上的精力，那長久以來正是女人的長處但卻不被注意也不受重視。

人際關係需要連結。它不但有賴於同理心的能力或者傾聽別人，並學習她／他人的語言和採取旁人的立場／觀點，人際關係也靠著有個聲音和有個語言。我所描述的女人和男人之間的不同，集中在女人和男人在犯不同關係錯誤的傾向上──男人以為他們了解自己，奉行／依循蘇格拉底的名言，他們也了解女人，而女人則認為唯有她們明白別人，她們才會明白自己。因此男人和女人串通好不去訴說女性的經驗，並且以一種男人並不知道自己失聯於女人而女人不知道自己失聯於自己的方式維繫著沉寂無聲去建立人際關係。有許多關於人際關係和愛情的說法仔細地掩蓋了這些實情。

　　現今對於女性心理發展上的研究就直接針對這一個問題。哈佛女性心理學與女孩發展研究計畫，在它對女人生活／命的調查中來回穿梭在從青年期到成人期和從青年期到兒童期的不同時間中。擷取成年女人的聲音做為起點，包括在本書中發言的女人，我們現在極深入的聽到了在女校中的青少女聲音，男女合校中的女孩和男孩以及放學之後的團體等。當我們覺得對青少女的情況有深入理解的時候，我們就在某種範圍之內有把握的把一些新的問題帶進一些年輕女孩的世界裡，我們開始一個針對七歲到十八歲女孩的五年期研究，和一個包含了女孩和女人的三年期探索預防計畫。

　　在這個研究過程中布朗、羅傑斯和我到了一個我們聽到女孩的聲音有個特別轉移的地方，同時也觀察到這一聲音的轉變是和女孩們人際關係及她們自我意識變化時吻合。舉例而言，我們聽到在青春期邊緣的女孩描述一些不可能情況──心理上的矛盾，

她們覺得如果她們說出自己的感受就沒有人會和她們在一起，如果她們不說她們所想的並覺得自己孤單，那就沒有人會知道發生了什麼事（在她們身上）。就如一位女孩說：「沒有人會和我在一起，因為我太大聲了」。聽到了自己所說的話，又以「但妳得有人際關係」來調解她的難題。

聽到了這些女孩在關係上的失能／無助，我們發現自己重新思考心理學理論並以不同的方式傾聽自我和其他女人。我們被這些年輕女孩的坦誠、無所畏懼、據實訴說的決斷力以及她們保持人際關係上的敏銳需欲所震撼。同時，我們也目睹了女孩們接近放棄她們所知道以及她們所相信事物的邊緣，在當她們面對面的和一個與她們經驗相左的社會建構的真實，以致於某種形式的失聯變得不可避免。在一個心理上紮根歷史定置在有權力男人經驗的世界中，女孩於進入成人期的通道標示了自我懷疑的開始以及一個不論多模糊體認的清醒，也就是女人的特性是需要有個在經驗上和一般人通常視為實際／真實之間的斷／決裂與失聯。

在我們的研究提供了女孩們對於失聯所從事的抗拒證據時，它同時也記錄了許多女人很熟悉的女孩們在心理上的分隔／割；不知道自己所知道的，很難聽到自己的聲音、心靈和身體的失聯，思考和感情／情緒的斷裂，以及使用自己的聲音去掩蓋而不是傳達個人的內在世界，以致於人際關係再也不是提供探索介於一個人內在生命和外在世界之間連結的頻道了。

突然之間為何本書之中愛咪的聲音對眾多女人而言是驚異的，而且為什麼它讓某些女人產生了強烈的不舒服／適的感覺就很清楚了。愛咪的語句**看情形**曾被那些也抗拒對於複雜人際關係

提出公式化反應／解決方案的眾多的女人一再地重述／覆。但是她在這些公式化反應局限性上的堅持使得有些女人像是傳統心理學家似的聽她的聲音：像是一廂情願的、不確定的／不果斷的、模糊的和天真的。訪問愛咪的心理學家知道她對問題所做的反應會導致她被人評估為並非相當**發展／成熟的**——像是沒有清楚的自我概念，並不十分具有抽象思考或道德判斷的能力——那就是為什麼她一直重覆問愛咪，為了再多給她一次機會。

在十五歲時，愛咪攜帶著那在她自身之中的懷疑聲音，並因之掙扎在不斷彼此交錯的兩種聲音裡。在十五歲的那個訪談時正巧碰上了她在失去連結，知道又好像不知道的過程當中。譬如，在說到一個人應該偷藥去救那貧窮者、垂危的人時她有著深切的不安和焦慮，因為她知道在她住的城市裡每天都有窮人因為沒有藥品而死亡，但她卻沒有意圖去偷藥救他／她們。在十一歲時她只說偷竊並不是個好的解決方法，事實上偷竊更有可能讓病人沒有藥而垂危，更會讓她／他孤單、斷絕人際關係和更加減少經濟資源。然而在十五歲時她能夠以一種談論道德衝突，在她看到對人際關係受到威脅和脫離現實的看出此一邏輯，一種需要做出一系列的分離並且開始改變她和自己的關係，遮蔽她的現實感的方式去理由化。記錯了她在十一歲所說且擺盪在兩種不同的解決方案之間，十五歲的愛咪正在改變她心意的過程裡。

這種我們一再地在青少女身上所觀察到的想法和感覺上的變化，使我的同事羅傑斯說女孩們是失去了她們**平凡／常**的勇氣，或發現那為人們視為平凡的——有聲音且在人際關係中——現在變成是非比尋常的，只能在最安全和最私密的人際關係中才能經

驗／歷。從公眾世界的心理隱遁的青少女，舖陳了某種女人經驗的個人／私密化阻礙了女人政治上聲音的發展及在公領域上的出現／在場。青少女的聲音和女孩經驗的失聯致使女孩並非言說她們所知曉的，終究也失去了她們所知道的，預示了許多女人所感知的脆弱和沒有受到保護，或者開始經驗／覺得她們的感覺／情緒和思考是不真實，虛偽和假造的。

　　同時，從體認女孩們勇敢和強烈的聲音，與記錄她們對於追尋維繫自己聲音和人際關係的好／恰當方式，哈佛計畫的研究使這本書中所提出問題有了支持的證據。人類持續的有關於分離和連結、正義和關懷／愛、權利和責任、權力和愛情的談話在加入了成熟期的女子，和她們開始在社會公領域發聲或投票的權利時，對這兩者對立的抗拒證據後有了一個不同／新的轉向。分裂和撤離，在先前被視為是以心理學上的事實所呈現的青春期發展的標記，再也不被視為必要或不可避免的，自然的或者好的。從**無私無我**道路上的回頭，也就是本書中許多女性所經歷的旅程常常讓她們對別人付出重大的代價，再也不是個不可避免／命定的旅程了。在這本書中十一歲的愛咪和某些在墮胎決定研究中雜亂無章的青少女聲音，其所顯示的抗拒和勇氣的失聯很可能反映／應了一個人際關係的失落而非發展關係上的挫敗——當女人以自私和無我行為間的選擇建構道德衝突／難題時變成可以聽得到人際關係的失落。

　　伴隨著女性心理學的發展和人類發展理論的理解轉變成有關於男性的理論，我得到了下列運作理論：男人通常在童稚初期所經歷／驗的關係性危機，女人卻是發生在青少女時期，這個發生

在男孩和女孩人際關係上的危機牽涉到一個和女人失聯的狀況，而這對於維繫一個父權社會的運作是絕對必要的，而女人的心理發展具有革命性的潛力並不僅僅因為女人所身處的情境，同時也因為女孩所做出的抵禦／抗拒。女孩在失去聲音和內在分裂上的抗拒與掙扎，因而是在很大範圍之內她們把自己排除在人際關係之外。由於女孩對於抵抗文化規範分離的心理發展階段比男孩要晚，因此她們的抗拒是更為鞭辟入裡、強而有力、更為深層的聲音和因之而來的合音：它與男人和女人渴求人際關係的需欲一致，重新打開陳舊的心理傷口／創痛、提出新的問題，對人際關係嶄新的可能性和生活方式。當女孩變成為未發生需欲和未曾實現可能性的載體時，她們不可避免地被置於相當的風險和甚至危險的情勢／境中。

米樂以一個針對女人作治療工作的精神醫師和精神分析師的角度出發，並且進入研討女人心理發展的領域，她觀察到女孩和女人在她們發展的航道中，她們試圖努力製造和維繫人際關係，在相當程度上卻很矛盾的置自身於人際關係之外。米樂對於這個矛盾所形成的程式，對於一個女性心理學的嶄新理解和導引至一個對心理受創和困擾的強而有力的重新省視／思考是至關緊要的。

米樂和我被一個事實所震驚，就是雖然我們從不同的方向和以不同的方式走進對女人和女孩的研究，但我們卻在女人的心理和社會中的主流秩序間獲致了同樣的洞見。一個新的心理學理論在其中可以被看到和聽到不可避免地構成了對父權秩序的挑戰，後者，唯有在不斷忽視女性經驗的影響中得以無羔。雖然，就某

個意義而言是平淡無奇的，完整地將女人和女孩的經驗導引出並為吾人所知，變成一個激進的舉措。因而保持與女性和女孩的連結——在教學、研究、治療、友誼、母性，並在日常生活中——是有革命性潛力的。

在講授心理學時我常常讀佛洛依德的〈文明及其不滿〉（Civilization and Its Discontents），其中他問為何男人會去創造一個讓他們在其中活得如此不舒服／痛苦的文化？而我也和學生談論其中的矛盾——「羅馬人說羅馬人總是說謊」——那對許多在青年期的人而言變成非常有趣（的問題），這也是佛洛依德認為從兒童關係中撤／抽離和對上一代的叛逆對於文明的進展是必須的時刻。這也是皮亞傑說，假設性比真實還重要的時機。是一直到最近我才開始以一種不同的方式傾聽這樣一個矛盾。「羅馬人說羅馬人總是說謊」包含了一個有關帝國主義在事實上的真相：在任何獨裁導制的秩序核心裡總是個謊言。

這也是康瑞（Joseph Conrad）先知式並引起爭議小說《黑暗之心》（*Heart of Darkness*）中的重／論點。當馬婁旅行到當時比屬剛果他開始尋找被那些**美德幫**，就是視自己將啟蒙，進步／展和文明帶入非洲的歐洲人所送去的克茲先生。馬婁相信克茲會重整／建他那些對於啟蒙帝國主義願景，即對立於猥獗的貧污、腐敗、死氣沉沉、暴力和疾病的信念。在當他到達內部時發現了克茲正在病危。在遇到了垂危的克茲先生時他發現了終極的腐敗。在克茲準備送回比利時公司的報告中最主要的內容／重點，他潦草寫下的字眼是一再於二十世紀被實施的方案，對於差異問題的最終解決方案——「殺盡所有的野蠻人」。垂死的克茲先生自己

做了如此的陳述，他的遺言是「好恐怖，好恐怖！」

馬妻說他無法忍受任何（一個）謊言，謊言使世界危殆「像是吃了一口腐爛的東西」。但在書的末了他卻向照顧克茲的女人撒了一個謊，那沒名沒性／沒沒無聞保持著對他鮮活的記憶並等著他回來的歐洲女人。當馬妻赴比利時訪問她，順便把克茲的照片／畫像時遺物還給她時，她問克茲最後說了些什麼，而馬妻就騙了她：「他所拼出的最後字眼是——妳的名字」。這真是個不折不扣的善意的謊言，因為它掩蓋／飾了和克茲先生住在一起的一位黑女人的畫面——這個女人事實上是和他一道的。這個在女人身上的種族差異議題是個直抵現今眾多最痛苦的和最難處理的女性差異問題核心的情況：白女人所直接牽涉到的有關戰爭的罪行。

在過去的兩年裡我屬於一個由十一位女性所構成團體的成員——五位黑人、五位白人、一位西語裔——以提問我們和女孩們的關係來探詢我們未來會有的關係。我們自己身為黑人、白人、西語裔人，那我們是如何去和黑人、白人和西語裔的女孩關聯？我們如何創造和維繫跨越種族區分界線的連繫而朝向打破而不是維持／強化種族支配，暴力藩籬的惡性循環？

馬妻在康瑞小說中一段非比尋常的內容證成了他對照顧克茲女人所說的謊言——對他自己也對那在甲板上一邊聽他的故事一邊等漲潮的男人：

> 我聽到了一聲輕輕的嘆息而我的心臟幾乎停止了跳動，因為那兒有個哀痛欲絕的低泣，一個無法言喻創傷

和讓人無法理解勝利的哭泣。「**我知道——我很確定**」！……她知道。她確定。我聽到了她在啜泣；她把臉埋在手中。看來房子會在我能逃離之前崩塌，天堂會破碎而散落在我頭上。但什麼也沒發生。天堂不會為了這等瑣碎的事情而陷落。我懷疑如果我給了克茲該得的正義，天堂還會墮落嗎？他不是說他想要正義嗎？但我不能。我無法告訴她。那會是太黯然了——所有的事都太糟了。

　　這個種族和性屬，殖民主義和男性敘事的交錯同時也標示了兩元對立矛盾的輻輳以及它們之間的關係；女人和男人的生命／活結合在一起，而**文明**加在我們身上的栓梏讓我們覺得窒息。一個有關進步／展的謊言和一個有關人際關係的謊言合流，細綁了女人和男人並抹消／刪除了女人之間的關係。就是這樣的交錯滲入了這本書的兩個部分——在心理學理論中的謊言把男人視為人類的代表，以及在女人心理發展上的謊言在其中女人和女孩改變她們的聲調以便使自己符合那被錯誤陰性聲音所攜帶有關於人際關係和善良的形象。

　　謊言使妳不適／噁心：這是一個在女性主義和精神分析術中極為尋常／普通的洞見。我在《不同的語音》中把女人的聲音帶入心理學理論並且重新框架在女人和男人之間的對話。我很驚訝地發現，在這本書出版之後我的經驗是如何與其他女人一致，而且也在不同的面向上與男人的經驗搭調。因此現在有關聲音和人際關係的論／議題，對於連接的考量／顧慮和撤離的代價等，那

些在七○年代看來是如此簇新的話題現在變成了益增對話的部分。

在打開《櫻桃園》（*The Cherry Orchard*）劇本的第一景（幕），芮尼弗斯卡亞（Ranevskaya）夫人對婁佩因（Lopahin）說：「你覺得你需要巨人」。契訶夫（Chekhov）聽到了一個英雄的傳說和有關發展的故事做為女人的陳述或者以一位女性的聲音來訴說。這些替代／另類的程式顯露了一個在本書中並沒有解決的緊張：在兩種有關人類生命和人際關係的訴說方式中，其一奠基在連接，其二紮根於分離，是否有個無盡的對立論述／點，是否有一種思考人類生活／命與人際關係的架構，長久以來就和發展與進步連結並讓步／位於一種新的起始，是我們並非生活於分離而是在（相連的）人際關係前提的思考方式。

心理發展理論和自我與道德的概念將進展／步或善良與失聯／和撤／抽離連結，並且危險的以心理成長或健康之名鼓吹與女人劃清界限，因為它們限制科學並阻礙一個幻境／景：與女人失去連結的幻景是好的。女人的聲音持續不斷地把抬面下的挫敗人際關係，凸顯出所有謊言的溫床的問題並促使人們注意／討論它們。有關於人際關係和差異的隨處可見的問題，一旦女人進入對話就變成是無法逃避的／清楚可見的，現在已經成了地方性、全國性和國際性的最迫切和棘手的問題。就男人的決斷和女人的失聯的意義而言，它們持續了現有強勢的社會秩序也使得政治變成了心理學化。心理（學）的過程和抗拒這些分離的能力變成了政治的行動。

我並沒有修改《不同的語音》因為它變成了自己所描述過程中的一個部分——藉由帶入女人的聲音到一個開放，因而開始了

一個持續不斷地改變的歷史過程的新對話的。

英國劍橋

一九九三年六月

　　我非常感謝 Mary Hamer、Mary Jacobus、Teresa Brennan 及 Onora O'Neill 對這篇初稿的慷慨和有眼光的反映。我也要對 Dorothy Austin 及 Annie Rogers 表示感激。謝謝參與國王學院婦女研究論壇、紐罕學院女人演講系列和由阿特卻大學 Sandera Krol 和 Selma Sevenhuijsen 籌畫演講的人們，在這些場合我讀了這篇序的草稿並從中獲益良多。

致謝辭

　　我要先從參與研究的女人、男人及孩童開始，謝謝她／他們對於這一本書的慷慨貢獻。在描述她／他們自己和她／他們的生命／活時耐心的回答有關道德的問題，她／他們願意周詳體貼的討論相關的道德衝突與選擇的經驗，是本書得以完成的重要基礎。我要特別感謝參與墮胎決定研究的女人；她們希望這些經驗可以幫助其他的人。

　　所有的研究都是團隊的努力，我要表達對與我一起做研究成員的感激——在墮胎決定研究的 Mary Belenky，在大學生研究的 Michael Murphy，以及在權利與責任研究的 Michael Murphy、Sharry Langdale 和 Nona Lyons。許多訪談是她／他們做的；而許多的理念／想法是在我們的討論中所產生的。這個研究設計反映了她／他們的貢獻，而本研究的完成則顯示了她／他們的執著與努力。Michael Basseches、Suzie Benack、Donna Hulsizer、Nacy Jacobs、Robert Kegan、Deborah Lapidus 和 Steven Ries 也對本研究有重要貢獻。波拉克（Susan Pollak）則是我在暴力形象研究的夥伴，她的觀察促發了那個研究。

　　來自斯邊塞基金會（Spencer Foundation）的經濟資助讓本研究成為可能，它透過對哈佛教員獎助提供了墮胎決定研究的所需；米爾敦基金會（The William E. Milton Fund）和國家精神健康研究院（National Institute for Mental Health）的小額獎助金科（Small Grant Section）挹注了大學生研究（獎金號碼

RO3MH31571）；國家教育研究院（National Institute of Education）則贊助了權利與責任研究。而美隆基金會（Mellon Foundation）使我能夠花一年的時間在衛斯理學院（Wellesley College）的婦女研究中心（the Center for Reserch on Women）從事研究。

其他形式的支持來自我的哈佛同事：寇薄（Lawrence Kohlberg）是這許多年來的好老師和好朋友，他啟發了我對道德的的研究；麥克里蘭（David McClelland）和戈聳（George Goethals）也是許多年來在研究上激勵我並給與許多鼓勵；Beatrice Whiting 拓展了我的視野；William Perry 的研究讓我獲益匪淺。我要感激 Patricia Spacks 和 Stephanie Engel 在教學上與我合作使我擴充和釐清了許多觀點；Urie Bronfenbrenner、Matina Horner、Jane Lilienfeld、Malkah Notman、Barbara Paul Rosenkrantz 及 Dora Villian 給了我擴展這本書規模的建議；Janet Giele 給我編輯上的鼓勵；Jane Martin 對草稿的豐富建議；而 Virginia Laflante 則對最後版本提出修正意見。

第一章和第三章的初稿曾出版於《哈佛教育評論》（*Harvard Education Review*），我要謝謝編輯室學生的辛勞。社會科學研究委員會慷慨地允許我以稍許不同的方式引用出版在 Janet Giele 所編輯的一本書中的第六章。

我由衷感謝哈佛大學出版社的 Eric Wanner，是他維繫並啟發了我對此書的願景。也有些朋友我想特別提出來表示的，對於她／他們願意傾聽和閱讀、慷慨的做出反應，我要感謝 Michael Murphy、Nona Lyons、Jean Baker Miller 及 Christina Robb。感激我的兒子 Jon、Tim 及 Chris——對於他們的興趣和熱誠、理念和

觀點，對於他們毫不保留的鼓勵和支持。還有對我的先生 Jim Gil-
ligan 的致謝──謝謝他理念的洞見、他的清楚／晰反應、他的幫
助、他的幽默和他的觀點。

一九八二

目　錄

獻給

我的父母親———·——·——·——·——·——··

概

論

在過去的十年當中，我一直在傾聽人們談論她／他們自己和道德。經過了一半的時間後，我開始察覺到這些聲音之間的區別，那是兩種關於道德問題和描述自我與她人關係的不同表達方式。於是在心理學文獻中所提及在（人格）發展階段中的差異，忽然轉化成為交織在生命週流之中的對位主旋律，並在人們判斷、憧憬和思想之中以不同的形式一再地出現（重播）。在我找了一群女人來探討在道德衝突和選擇的情境中，判斷和行動之間有何關係後，這個觀察場景開始出現。相對於我閱讀並教授多年有關於身分（認同）與道德發展心理學所描繪的背景，這些女人的聲音無疑是相當特別的。就在那個當下我開始注意到在解釋女人發展上所一再出現的問題，並且把這些問題和心理學中針對批判性理論建構不斷地、重複地排除女人的現象嘗試作一個連結。

　　這本書記載了存在於心理學、文學文本和我研究資料中所提到的，攸關女性和男性之間兩種不同關係的思考模式，以及這兩種模式之間的關係。在心理學研究文獻中所注意到的人類發展的表現以及它和女性經驗之間的落差，通常被歸因為女性發展之中所出現的問題。相反地，女人無法符合既存的人類發展模式規範也有可能是指出了現在我們所有的理解，是一個有關生命中若干真實的、且對人類情形理解具有相當局限性的問題。

　　我所描述的不同語音並非以性屬，而是以主題為其特徵。它和女人的連結是一個經驗性的觀察，而我主要也是透過女人的話語來追尋它的發展。但這個連結並非絕對，且此處有關男性和女性語音的對照是想凸顯這兩種不同的思考方式，以及在詮釋時所

可能產生的問題，而非針對任一性別作概括的推論。在對發展溯源時，我指出兩種不同語音在每個性別之中的交互運作，並提出兩者的輻輳表示了轉變和危機等時機。本研究並未就這兩種不同思考模式的起源，或者它們在人口、歷史和跨文化之間的分配情形作任何的宣示。具體而言，這些差異是從社會地位及權力混合著生理特性形塑了身為男性和女性的經驗，以及兩性關係的脈絡中苗生的。我所關心的是經驗和思想的互動，在不同的話語中出現的對談、傾聽自我和她人的方式，以及我們所告訴別人有關於自身所經驗的故事。

在本書中有三個研究是被一再引用，並反應了我在這個研究中所關心的三個核心命題：人們敘述自己生命過程的方式是重要的、人們所使用的語言和所做的關聯，具體而微的顯示了他們所認識和據以行動的世界。所有的研究都是包含了相同問題——有關自我和道德的概念、有關衝突和做選擇的經驗——的訪談法完成。深度訪談研究法是依循受訪者思想中的語言和邏輯進行的，研究者也會依實際情形的需要探詢更深入的問題面向，以確定回答者真正的意思。

大學生研究探索青年時期的認同和道德發展，藉由連結自我概念和設想在經驗中的道德矛盾中作生命選擇。在一群大學二年級時修習一門有關道德和政治選擇課程的學生中，我隨機抽選了二十五人，在她們四年級時和畢業之後五年進行訪談。在過程中我觀察到了退掉那門課的二十人當中，有十六位是女學生。這十六位女學生也在大四那年接受了訪談。

*墮胎決定研究*思考經驗、想法之間的關係，以及衝突在發展之中所扮演的角色。有二十九位年齡在十五至三十三歲之間並且在種族、階級、婚姻地位中異質，也有幾位有學齡前兒童的女人，在確認懷孕並考慮墮胎的一學期當中接受訪問。這些女人是由一間在都會地區中大型醫院的懷孕諮商中心和墮胎部門所引介給本研究的，我並沒有嘗試去找一個由相關諮商或服務人口母群的代表性樣本。這二十九位女性有二十四位願意公開自己的訪談內容，其中也有二十一位在做成決定之後的一年後再度接受訪問。

　　這兩個研究拓展了一般對於道德判斷所從事的研究設計，藉由徵詢人們（案主）如何自行界定道德問題以及她們如何經驗自己所建構出來的道德矛盾，而非針對藉給問題和答案之後了解有關解決方案選擇的思考。由這兩個研究所產生攸關道德和不同自我觀之間的關係假說，則經由*權利與責任研究*做進一步的探測和修正。這個研究是由一群在年齡、智力、教育程度、職業、社會地位和生命週流中年齡六至九、十一、十五、十九、二十二、二十五至二十七、三十五、四十五和六十等九個點對應（等）的女性和男性所構成。從整個樣本的一百四十四人（每個年齡分組各有八位男女）包括一個更深入探討的次樣本（每個年齡組男女各兩位）收集到相關於自我概念與道德、所經驗的道德矛盾和選擇，以及對假設性道德難題判斷的資料。

　　在發表這個研究的細節時，我期望它在人類發展的領域中，展現一個能夠讓心理學家和一般人依循的軌跡，且理解其中明顯難題更為清楚的女性發展再現，特別是那些屬於女性青年期和成

人期的女人認同所形成和道德發展面向。對於女人而言，我希望
這本書可以提供一個能使她們更清楚明白自己思想統整和有效
性、體認她們想法被扭曲的經驗，和理解這些事實發生過程的再
現。我的目標在於藉由徵引理論建構中被排除團體的參與以拓展
我們對於人類發展現象的理解，並提醒世人原先作法所蘊含的缺
失。由這個角度來看，女性經驗的資料誤差，提供了一個可以產
生新理論的基礎，它也提供我們一個有關於兩性更完整、周全看
法的潛力。

第一章

男人生命週流中
女人所處的位置

在《櫻桃園》（*The Cherry Orchard*）的第二幕中，年輕商人婁佩因（Lopahin）敘述了他自己的坎坷生命與成就。在無法說服芮尼弗斯卡亞夫人（Madame Ranevskaya）砍掉果樹以挽救地產時，婁佩因接著在下一幕中自行將地產購下。他是個白手起家的人，想要購買他的父祖輩以奴隸身分居住的那塊莊園，並且讓子孫用避暑別墅的新生命取代果園以抹消過去突兀、悲傷的歷史。在賣力描繪這個發展的光景時，他洩露了潛藏並支持這些行動之下的形象：「時常在輾轉反側時，我思索：神啊！你給了我們綿延的叢林、廣闊的土地和無盡的視野，我們真該像個巨人般的生活在其中」──在那當兒，芮尼弗斯卡亞夫人打斷他說：「你覺得人們需要巨人──但巨人只有在童話和傳說中是好的，在其他地方他／她只會嚇壞我們。」

人們對於生命週流的概念顯示了對於日常生活中各種新奇的經驗、變動的知覺，和物換星移式的願望作統整性排序的企圖。但這些概念的本質部分倚賴此一觀察者的位置。前述契柯夫（Chekhov）劇作的兩幕提示若觀察者為女性，那麼她很可能有相當不同的觀點。有關於人類像巨人的各種判斷，顯示了攸關人類發展、人所處的情境和生命中何者為寶貴事物等不同的理念／解。

當吾人致力於泯除性別歧視、追求公平和正義之時，社會科學也重新發現了存在於兩性之間的差異。這在原先科學客觀性中彷彿性別中立的理論被檢驗出，事實上它們始終在觀察和評估上有著偏見。於是先前所認為的科學的中立性，就如語言一般被重新理解為是人類社會建構的類屬。因此沈迷於形成二十世紀虛構

事物的論點，以及影響我們對科學理解判斷的相對性視野，使我們驀然警覺人們是愈來愈耽溺於以男性的眼光觀看著這個世界。

最近一個有關於這種發現的例子，就是由斯莊克（W. Strunk）和懷特（E. B. White）所完成，一個在表面上看來相當無辜的經典之作《形式的元素》（*The Elements of Style*）。這是一個聯邦最高法院有關於性別歧視主題所做的判例，使得一位英語老師注意到使用英語的基礎原則是藉由向拿破崙（Napoleon）的誕生、柯立芝（Coleridge）的書寫作品等例子，和諸如「一位足跡踏遍世界並在六個國家居住過的男人，他講話非常有趣」，以及「唉呀！蘇珊，看妳幹的好事」，或者比較不那麼戲劇性的「他看到一位緩緩走來有兩個小孩陪伴的女人」等陳述交錯並陳地交給學生。

心理學理論家就像斯莊克和懷特一樣無辜，不自覺的掉入同一個觀察的陷阱裡。不加思索地以男人的生活為規範／標準，他們試圖以男性的情境加諸於女人。這種情形行之久遠，甚至可以追溯到伊甸園——一個告訴妳許多教訓，包括了如果從男人身上的部分造出女人，妳遲早會碰上麻煩事的故事。在生命週流中，就像在伊甸園裡一樣，女人被視為是個偏差者。

發展理論家投射男性的狂熱，而且會讓女人毛骨悚然的形象，至少可以追溯到利用環繞在伊底帕思情結的男性兒童的經驗，並據以建構他所提出有關心理情慾發展理論的佛洛依德（Freud）。在一九二〇年代，佛洛依德企圖努力解決他理論中有關女性生理上的不同，以及年輕女孩早期家庭關係不同形貌之矛

盾。在嘗試把女人置入男性氣概的範式後，佛洛依德認定女人會歆羨她們所欠缺的，進而宣稱女性在前伊底帕思期與母親強烈與持續性的依附，也就是女性與男性在發展上有所差異。佛洛依德認為女人在發展上（與男性）的不同是造成女人發展失敗的原因。

在將超我或良知的形成與閹割焦慮連結之後，佛洛依德宣稱女人在本質上被剝奪了一個乾脆俐落的伊底帕思的解決方案。其後果，女人的超我──伊底帕思情結的遺緒──是灌水的；它從未「像我們針對男人的那種堅毅的、非個人的和獨立的感情起源所要求的那般」。從這個差異的觀察「對男人道德上正常要求的水平就與對女人的不同」，佛洛依德下結語說女人「顯現出較弱的正義感、比較不能承受生命中急迫事件的需求、更常在判斷中被情感或敵意所左右」（1925，頁 257-258）。

因此在理論上的問題轉變成為針對女人發展所做的質疑，而女人在發展上的缺陷是植基於她們在（人際）關係之中的經驗。南西・裘多羅（Nancy Chodorow）曾嘗試解決「在每個世代中某些普遍性和共同性差異的再製，顯示了女性和男性的人格特質和角色」，兩性之間的特質差異並非解剖學（生理學）的，而是「寰宇皆然的，事實上是女人承擔了幾乎所有的育兒責任」。由於這個早期社會環境被女孩和男孩以迥異的方式經歷／驗，造成在人格發展中一再出現基礎的性別差異。其結果，「在任何人類社會，女性人格的自我界定是比男性更多以與她／他人的連結和關係所決定」（頁 43-44）。

裘多羅在她的分析中有相當程度依賴斯多樂（Robert Stoller）

的研究，其顯示性屬認同、人格形塑中不變的核心是「除了極少數顯著的例外，是在男女孩童大約三歲時紮實且不可逆轉的建立起來」。基於在男女孩最初三年的照顧者通常是女人，性屬認同形塑的人際動力對兩性而言是不同的。女性認同形成是在一個不斷的關係脈絡中產生，因為「母親傾向於視女孩（兒）為和她們自己更為相似，以及女兒是母親自身的延續」。同樣的，女孩在認同自身為女性時，經驗了類似母親所有的經歷，因而將依附的感覺融合進入認同形式的過程中。相對的，「母親以感受兒子是相對男性的方式」而男孩在以男性氣概做自我界定時，將母親和自身割離，因而阻礙了「他們主要的愛和同理心連結的扭帶」。其結果是男性的發展需要「一個清晰的個人化過程和更為防衛性確認的自我疆界建立」。「分化的議題交織在情慾的不同面向中」是屬於男孩而非女孩的特徵（1978，頁 150、166-167）。

在以書寫對抗精神分析術中的男性偏見時，裘多羅堅稱在早期個人化和關係過程中的性別差異「並不意味著女人的自我界線較『弱』或她們更容易罹患精神官能症」。它反而代表「女孩在此時期有個『同理心』的元素編織入她們有關自我概念的界定，而這是男孩所沒有的」。裘多羅因而去除佛洛依德有關於女性心理學中負面和其推論性的描述，並以她自己所設立的積極和直接的描述「女孩因而具有一個較強烈體認她／他人需欲的基礎或者感同身受（或者認為她／他人亦具有感同身受）的能力。尤有甚者，女孩並不以和男孩對前伊底帕思關係型態相同程度的拒斥語言來界定自己。因此，到此種型態的退化並不像是對自我觀念的

根本威脅。因為自極小開始她們就是被相同性屬的人撫養和教導……女孩變成覺得與男孩相比，她們並不是如此分化的，而是和外在的物質世界連結和延續的，且自我的內在世界是與男孩不同的方式導／朝向的」（頁167）以取代之。

　　因此，這樣的情勢使得關係，特別是依賴，被女人和男人以迥異的方式經驗著。對男孩和男人而言，由於和母親的決裂對於男性氣概的養成有決定性的影響，因此分離和個人化是與性屬認同緊密相連的。至於女孩和女人，女性氣質和女性認同與母親分開或個人化都無關聯。由於男性氣概是由分離所界定，而女性氣質端視依附，因此親密會威脅到男性性屬身分，但分離卻具有傷害女性性屬認同的效果。也由於上述情形使男人在人際關係中困難重重，女人則不擅處理個人化議題。與男人的對照中，女人生命的社會互動和人際關係脈絡中的品質非但是描述上的差異，同時也是發展上的缺陷，當心理學理論文獻中益加以分離做為孩童和青少年關鍵期發展的里程碑時更是如此，女性的無法分離就因此而成為人格發展定義上的挫敗。

　　裘多羅描述兒童前期在人格養成上的性別差異，也在有關兒童中期的遊戲研究中展現出來。對米德（George Herbert Mead）和皮亞傑（Jean Piaget）來說，遊戲是學齡中兒童社會發展的嚴苛考驗。在遊戲當中，孩子們由獲取她／他人角色當中習得以她／他人的眼光看自身。也同樣在遊戲中，兒童得到遵守遊戲規則的觀念和逐漸明瞭制訂和改變規則的方法。

　　覺得在國小中同儕群體是個人社會化的媒介，而遊戲規則是

此一時期主要社會活動的利弗（Janet Lever），決定要弄清楚兒童所玩的遊戲是否存在著性別差異。她觀察一百八十一位念國小五年級的十一歲中產階級白人小朋友，她／她們遊戲活動中的組織和結構。她在這些小朋友的體育課及其他課程的下課時間觀察她／她們遊玩的情況，並且以研究日誌記錄小孩們對於自己在校外運用時間的說法。從這個研究中，利弗宣布她所觀察到的性別差異：男孩比女孩從事更多的戶外遊戲、男孩的遊戲團體規模大且在年齡上異質性高、他們經常玩競爭性的遊戲；及男孩們的遊戲持續得比女孩長。從某些角度而言，男童的遊戲歷時較久的發現是最有趣的，不僅因為那些遊戲需要水準較高的技巧，因而使得遊戲不至於無味，同時也因為當遊戲過程中出現爭端時，男孩能比女孩更有效率的解決爭端：「在這個研究中男孩們經常爭吵，但他們從未因爭吵而結束遊戲，而且所有因爭吵而中斷遊戲的時間沒有超過七分鐘的」。在最激烈的爭議中，最後的結論總是：「在『不耐遊戲中斷者』的撮合下『繼續玩』」（頁482）。事實上，看起來男童們似乎覺得道理上的爭辯幾乎和遊戲本身一樣的好玩，同時那些因為體型或技術略遜一籌，而在遊戲中立於比較邊緣位置的男童，也平起平坐的參與這種一再出現的插曲。相對而言，女孩間所爆發的爭辯，通常會導致遊戲的終止。

因此，利弗確認並拓展了皮亞傑有關遊戲規則的研究，經由孩提時期對於解決衝突的公平過程和遊戲規則，在男童之中他發現相當迷人而有趣的存在，而在法律（理）面向的討論發展現象並不存在於女孩之間。皮亞傑注意到女孩對於規則有著更多「**務**

實的」態度，她們認為「只要能讓人開心的規則就是個好規則」（頁83）。因而女孩們對於規則有很寬容的態度，她們願意接受例外，也比較容易接受創新以解決困境。基於這個原因，皮亞傑認為對於與道德發展性命攸關的法律（理）意涵，「**在小女孩之中的開發遠遜於小男孩**」（頁77）。

讓皮亞傑將兒童發展等同於男性發展的偏見也污染了利弗的研究。形塑她探討結果討論的前題，也就是男性模式是個較佳的模式，因為它符合現代企業成功經營追求的需求。相對而言，女孩在她們遊戲中所培養出來的，對於她／他人感受的敏感與關懷的能力就沒什麼市場價值，甚至會阻礙人們在專業上成功的要求。利弗在她的研究中推論道，基於成人現實生活中的考量，若女人不想淪落到依賴男人，那麼她必須自小就像男孩一樣的玩。

對於皮亞傑藉由孩童固定型態遊戲中學習遵守規則是對道德發展絕對必要的說法，寇薄（Lawrence Kohlberg）加上了最有效的學習教訓方法，是透過在把握解決爭議時所出現的角色會獲取機會的論點。結果造成了女孩遊戲之中的道德教訓比男孩們的要少。傳統女孩玩的遊戲，如跳繩或踢石戲都是輪流的，在其中的競爭是間接（含蓄）的，因為一個人的成功並不必然意味著另一個人的失敗。因此比較不會產生需要裁定（判決）的爭論。實際上，絕大多數被利弗訪談的女孩們表示當有爭議出現時，她們就結束遊戲不玩了。取代發展出一套解決歧異的複雜規則，這些女孩將延續遊戲放在次於延續友情的重要性之後。

利弗於是下結論說，從遊戲中男孩習得了在協調和組織規模

大，而且異質人群所必要形成的獨立和組織的技巧。在那些控制和社會所許可的社會情境中，男孩藉參與而學會了用一種直接了當的方式面對競爭——與敵人遊玩和與朋友競爭——都依循在遊戲規則所許可的範圍裡。相對地，女孩們的遊戲大多產生在較小和較親密的團體中，它們通常以與最好的朋友所形成的兩人群體和在私密的場所進行。女孩遊戲是複製那些在組織上傾向合作的基礎人際關係的社會模式。因此，以米德的術語來說，它比較不是朝向「概括化她人」的角色，與人際關係的抽象化。但這種方式卻對於必須對「特殊她人」的角色獲取所必須的同理心和敏感度的發展相對有利，同時也指向明瞭別人與自己的不同。

　　由上所述，可以知道裘多羅從她的分析中延伸出在個人童稚初期人格形塑的性別差異，就被利弗在童稚中期遊玩的活動觀察中所拓展了。這些研究發現意味著男孩和女孩是以迥然有別的人際取向和社會經驗區間到達青春期。然而，基於青年期被視為是分離的關鍵時期，也就是所謂的「第二度個人化過程」（Blos, 1967），女性發展顯得變異太大和問題重重。

　　佛洛依德宣稱「帶給男孩巨大原慾爆／激發的青春期，在女孩身上卻是一個新波段的壓抑」這是為了把年輕女孩「男性氣概的性取向」變成在成人期所需要的女性氣質性取向的必要轉化（1905，頁 220-221）。佛洛依德以女孩的接受和承認「她被閹割的事實」斷定了這個轉化（1931，頁 229）。進一步解釋對女孩而言青春期帶來了一個「自戀的創傷」的新體認，並導致她發展出「一個類似疤痕和次等的感覺」（1925，頁 253）。在艾瑞

克森（Erik Erikson）對佛洛依德精神分析的架構引申中，青年期是發展依賴於認同的時機，故而女孩不是在這個時期有心理上的風險，就是和男孩有不同的成長議題。

　　就人類發展理論家而言，女性成人的問題呈現在艾瑞克森的架構中很是明顯。他（1950）提出了一個包含了八個階段的人類發展理論，在其中成人前期屬於第五階段。這階段的發展任務（目標）是形成一個統整的自我概念、確認一個跨越青春期失聯的認同（身分），並儲備成人時愛和工作的能力。對於成功克服成人前期認同危機的準備，也在艾瑞克森對之前四個階段危機的描繪中。雖然最早嬰兒期的「信賴及其相對」的危機將發展置於關係的經驗中，但接著就清楚地變為個人化。艾瑞克森第二階段專注在「自治對羞恥與懷疑」的危機標示著剛會行走兒童在分離和能動性的苗生。從此發展又經過了「主動對應罪感」成功的解決方案代表了向自治的進一步拓展。接下來，在緊跟著伊底帕思期魔幻願望不可避免的挫敗後，孩童們明白若要和父母競爭必須先加入她／他們，以便於學著雙親熟練的做事技巧。因此在孩提中期發展啟動了「勤勉對示弱」得以表現在一個兒童表達自尊極為重要的能力。這個時期也是孩子們努力學習掌控其文化中的相關技術，以便使自己和她人眼中都覺得當事人可以變成成人。緊跟著就是基於一個可歡愉慶祝，能夠支撐、證成成人執著意識形態所融合而成的自治、主動，和勤勞的自我認同的成人前期。但艾瑞克森在說誰呢？

　　再一次地，這又是個攸關男性兒童的故事。艾瑞克森提及

（1968）對女性而言，順序有些不同。女孩自身唯有個虛無的認同，她只有將自己準備好以便吸引一個能讓她知名、可獲取身分、並能藉填補女性內在空間，以將她由空白和孤寂中拯救出來的男性。對男人來說認同優先於人類最佳發展高峰的分離、依附展現所意味的親密和生殖性，但女性相對而言則這些議題都融而為一。親密和認同焦不離孟，因為女人是在經由在和她／他人的關係之中才為人所知和明白自我的。

然而，儘管在觀察到了有性別差異，但艾瑞克森的階段理論卻絲毫不受影響：認同還是優位於親密且男性經驗還繼續定義著他有關生命週流的概念。但是在這男人生命週流的架構中並沒有替第一個成人期親密關係準備太大的空間。唯有在「信賴及其相對」階段的初期才有艾瑞克森所謂親密和生殖性中的相互性，這也是佛洛依德架構中的性器期。其餘的階段都以分離為特徵，這也使得人類發展的本身被等同於分離，而依附這始終在評估女人時被發現的特質就被當成是個發展的缺陷／匱乏。

艾瑞克森把男性身分描繪成為他和世界之間的融合，以及把女性身分是她和別人親密關係的甦醒後果是稀鬆平常／了無新意的。在貝特罕（Bruno Bettelheim, 1976）所描述的童話故事中也出現了相同的情景。男性成人（初）期的動力藉由典型的父子衝突而在「三種語」中表現出來。在故事中，一位被父親視為蠢得無可救藥的兒子，被給與最後一次向一位大師學習一年技能的機會。但當他回家時，只學會了「狗是如何吠的」。在歷經了兩次類似的嘗試後，厭惡至極的父親絕望地命令僕人將孩子帶入森林

結束他的生命。但這些總是關愛並拯救不幸孩子的僕人下不了手，最後只將孩子留在森林中。在森林中被遺棄的男孩以他的好奇和探索，發現了一個充滿惡狗的地方，這些惡狗的吠聲使人不得安寧，有時也會吞噬居民。結果讀者發現劇中的英雄碰巧就是學會了他最需要的技巧：他能和惡狗們交談並使牠們平靜，因此男主角重新替地方帶來和平。由於這男孩所習得的其他技巧也驚人地有用，他也就從成人期和父親的對立中技高一籌，成為生命週流概念中的巨人／成功者。

　　相對地，女性成人期動力的敘述是透過一個截然不同的故事。在童話世界中。女孩在初潮之後，有相當一段時間是蟄伏不動的。但在《白雪公主》（*the Snow White*）和《睡美人》（*the Sleeping Beauty*）中貝特罕看到了他所認為必須與探險活動相對立的內在專注。既然成年的女英雄在深層的睡夢中醒來之後並沒有去征服世界，反而是和王子結婚，因此她們的身分是經由內在和人際關係所界定的。對貝特罕和艾瑞克森而言，女人的身分和親密關係是合而為一的。童話世界中的性別差異，正如金斯敦（Maxine Hong Kingston, 1977）在最近所完成的輝映：「*古老傳說的自傳小說中，幻境女戰士一再顯示活躍的探險是個男性的活動，若女性也想從事相同的遊戲，那麼她必須至少穿戴得像個男人。*」

　　這些有關性別差異的觀察支持了麥克里蘭（David McClelland, 1975）所獲致的「*性別角色是人類行為中最重要的一個決定性因素；心理學家從一開始從事經驗研究就發現性別差異了*」結論。

然而由於在提及「差異」時，很難不帶到「好、壞」。大體上人們傾向於建構一個測量的量表，和因為這個量表往往是植基於大部分，或只針對男性所做的探討中有關於研究資料的詮釋，並且以男性的經驗標準化。因此心理學家「**很容易把男性的行為視為是『常模』（規範），以及女性的行為多少是自常模所顯示的偏離**」。因此當女人不符合心理學所期望的標準時，研究者往往推出女人有些不對勁的結論。

霍納（Matina Horner）發現女人的不對勁是有關她們在競爭成就上的表現。針對人類動機所使用的**主題統覺測驗**（Thematic Apperception Test, TAT）自始就為看來混淆和複雜的性別差異的資料分析所困擾。這個測驗為詮釋展現了一個模糊的線索——一個有關哪個故事必須被寫出，或故事中哪個部分必須被完成的圖像。這些以投射想像力所反映的故事，被心理學家認為是人們建構她／他們所見事物的顯露方式，也就是說，人們對自身經驗所賦與的概念和詮釋和她／他們給自己生命所做的解釋。在霍納的研究成果問世之前有關競爭的情境，女人的解釋有別於男人是相當清楚的，那在於女人常以不同於男人的方式透視這些情境，或者這些情境會讓女人產生有異於男人的反應。

根據他針對男人所做的研究，麥克里蘭把成就動機區分成為兩個邏輯的成分：接近成功的動機（「**成功需欲**」）和避免失敗的動機（「**畏懼失敗**」）。從她對女人的探討中，霍納發現了一個第三種類屬，一種不太可能的避免成功（「**畏懼成功**」）。女人看來好像有個與競爭成就相關的問題，而這個問題似乎是從女

性氣質與成功之間矛盾的認知所產生的。那些試著努力整合她女性氣質和她在童稚初期的認同，與她在學校中所習得的男性氣概競爭力的成人初期女性，從她對於以「**在第一個學期的期末考後，安發現自己在她醫學院的同儕中名列前茅**」的故事完成分析中，霍納說：「**當成功被預期或可能時，年輕女性就會因為被成功所帶來的負面結果所威脅而焦慮，因而阻礙她們追求成功的慾望**」（頁171）。她下結論說，這些恐懼「**是很真實的存在著，因為大多數女人認為，特別是面對男人在成就取向活動競爭的成功預期中，會產生某些諸如被她／他人排斥和失去女性氣質的負面後果**」（1968，頁125）。

　　然而這些關於成功的衝突也可以被相當不同的角度來理解。賽森（Georgia Sassen）主張這些被女人所表達出來的矛盾也許顯示了「**有關於競爭成就『另一面』的一個強烈意識，也就是為了獲取成功所必須在情感上付出的巨大代價──一種雖然混淆但顯出如將成功界定為得到全班最高分的狀態，其中有些醜惡面向的理解**」（頁15）。賽森指出霍納所發現的成功焦慮只有在參與直接競爭的女人，也就是一個人的成功意味著另一個人的失敗時才有。

　　在他對於認同危機的申論中，艾瑞克森（1968）引述蕭（George Bernard Shaw）的故事來展示一位年輕人在年紀不到時，就被一個他並沒有全心全意投入的職志成就所收編的感受。蕭在七十歲時回顧他的一生／生命，提到了自己在二十歲時所遭逢的並非沒有成就或不知名，反而是兩者皆具，「**我莫名其妙的就發**

了，並且很傷心的發現，商界並沒有把我當成沒用的冒牌貨而趕走我，反而緊抓著我不讓我走。你瞧瞧，我在二十歲時帶著商學院的訓練陷在一個我厭惡到極點，就像任何一個正常人所厭惡的如桎梏般的行業中。在一八七六年的三月我就落跑了」（頁143）。在此時，蕭安頓下來開始學習，並在興致來的時候從事寫作。幾乎完全不把它當成有關於成就和競爭所引起的精神官能症式的焦慮，蕭的抗拒被艾瑞克森視為「一個超凡脫俗的人所做的超絕行徑」（頁144）。

我們或許可以在這些敘述的基礎上問，為何不是女人有關於競爭成功的矛盾，反而是男人如此輕易的並慶賀如此狹隘視野的成功觀點。回想利弗所呼應的，由皮亞傑所觀察到的男孩在遊戲中重視的是規則，而女孩所關懷的是人際關係，甚至影響到遊戲的繼續與否——還有裘多羅所指出的男性的社會取向是位置的，而女人則是關係的結論——我們就開始理解在霍納所說的競爭故事中為何當安變成約翰的時候，而軼聞為男性所完成時，畏懼成功就消失了。約翰被認為按遊戲規則玩並獲勝。他可以有為自己成功感到得／愜意的權利。以他自己認定的不同於那些能力較弱的人而言，約翰有著分離於他人的自我在此過程中被確認。對於安而言，她能在醫學院同班同學中到達頂峰的可能，事實上或許是她所不要的。

伍爾芙（Virginia Woolf）說：「女性價值常常和由另一個性別所塑造的價值迴然有別」（1929，頁 76）。然而她又加上了「男性價值是比較佔優勢的」。因此，女人就會質疑自身感受的

正當性，並且為了尊重她／他人而改變自己的判斷。在十九世紀由女人所書寫的小說中，伍爾芙見到了「**一個從直線中被拉出來並改變自己清楚的認識／視野，只為了對外在的權威表示順從的心靈**」的運作。同樣對他人在意見和價值的尊重也可以在二十世紀女人的判斷中被分辨出來。女人在主動發聲以尋找或表達出自己的意見所經驗的困境一再以澄清、自責／疑，和一個在根本的面向上對立的公眾評估，和私領域的自我評價所形成的分裂／離判斷的形式中所表現出來。但伍爾芙所批評的有關女人的服從和困惑，其實是她們認為是本身長處的價值中導引出來的。女人的順服是同時奠基在她們的社會中，身處在從屬的位置和她們道德關懷中的實際內容。對於她／他人欲求的敏感以及在照護／顧責任上的前提，使得女人關注到除了己身以外的聲音，並且把其他人的觀點也融入自己的判斷中。女人在判斷力表面上所顯示的明顯擴散和困擾的道德缺失，也就是女人對於（人際）關係和義務的強烈關懷，其實並無法和女人的道德優點割離。在判斷上的猶豫也許正顯示了融合在女人心理之中的發展對她／他人的關心和愛護，並且也是被社會視為是本質上問題重重的部分。

因此女人不僅是在一個人際關係的脈絡中界定自我，同時她們也以關懷的能力評估自己。女性在男人生命週流中就成了照顧者、關懷者和幫手，她也就跟著依賴於這些關係網絡的編織。然而在女人照顧男性時，他們卻在自己心理發展的理論中，也如他們在經濟安排中一般傾向於貶抑這種照應。焦點放在個人化、個人成就被迫當進入成人期和壯年時被等同於個人自主時，對關係

的顧慮顯得像是女人的弱點而不是人的長處（Miller, 1976）。

就女人特性和成人特性之間的落差而言，再也沒有比由巴若芙面、傅高、巴若芙面、克拉克森和若森克倫茲（Broverman, Vogel, Broverman, Clarkson, and Rosenkrantz, 1972）針對有關性別角色刻板印象所從事的研究成果報告更清楚的了。她們多次的探討都發現，看起來對成人期相當必要的特質——自主性思考的能力、清晰的決策，以及負責任的行動——都和男性氣概連結而被視為是和女性的自我特徵不搭調。這些刻板印象表現了一個愛與工作的分裂，並將展示性的能力歸屬於女性，且將工具性的能力置於男性氣概的領域中。然而從另外一個角度來觀察，這些刻板印象反映了一個失衡的成人期概念，它讚許個人的自我和她／他人連結的斷裂和分離，同時也更加著重自主的生活和工作和看輕由關懷和愛所生的互相依賴。

晚近中年男性所歡慶和發現的有關親密、關聯和照護等重要性是女性從一開始就深知的。然而，由於女人所具有的這些知識常被認為是**本能**或**直覺**的，一種和解剖／生物相關並命定的，心理學家便忽視了這些事物的發展。在我的研究中，我發現女人的道德發展是圍繞在這些核心理念當中，並且對兩性生命的心理發展都劃出一條重要的線。道德發展的主題不但提供了人類發展文獻在評估和觀察時，一再出現的重複模式性別差異的終極展示，同時也說明了為何有關女性發展的本質及重要性總是模糊不清又離奇。

佛洛依德批評女人的正義感為盲目公正性的妥協，不但在皮

亞傑的研究，同時也在寇薄的論述中再度出現。在皮亞傑所提到的有關孩童道德判斷的說詞，女孩被排除在他所寫的四段話中，因為**孩童**被視為是**男性**的，而在寇薄所導引出理論的研究中，女性則根本就不存在。寇薄（1958, 1981）所描述由兒童期至成人期的道德判斷之六個階段，是植基於一個針對八十四位男孩在二十年間所做的經驗性探討。雖然寇薄宣稱他的架構是具有普遍性的，但在他研究原始樣本中的團體極少達到他所認定的高階段（Edwards, 1975; Holstein, 1976; Simpson, 1974）。以寇薄的量表測試時，女人在道德發展上明顯的不足，她們的判斷被認為只符合量表中的第三階段。在這個階段中，道德是以人際關係的形式被認知，而且善良被視為與助人和取悅別人等同。這個界定善良的方式被寇薄和克拉瑪（Kramer, 1969）視為是對成年的居家女人有功能性的。他們申論唯有女人在進入傳統上男人活動的場域中，她們才會體認到這種道德取向的不足，且像男性般向上一階，其中人際關係臣／從屬於規則（第四階），和訴諸正義的普遍性原則（第五和第六階）發／進展。

　　但是這裡有個矛盾，因為傳統上界定女人「**善良**」的特質，也就是她們對別人需欲的敏感和關懷，正是使她們被認為在道德發展上有瑕疵的。因此在這種道德發展成熟的概念中，是由針對探討男人所導引出並反映在他們發展過程中個人化的重要性。皮亞傑（1970）挑戰將發展理論視為是一個奠基在親密關係金字塔的一般印象時，指出發展是串連在成熟的主軸，也就是以成熟來測量進展的概念架構。因此，在成熟定義上的改變不只是改寫了

最高階，同時也轉化了對發展的了解，並造成了整個理論的相關說法。

當一個人從探討她們的生命史開始導引出發展架構時，和佛洛依德、皮亞傑或寇薄迥然有別的道德概念輪廓就漸漸浮現出來，並給了我們相當不同的發展描述。在這個框架中，從衝突的責任而非競逐的權利所形成的道德難題，需要一個脈絡性和敘事性，而不是形式和抽象性的解決方案。這種道德概念關注聚焦在責任和關係理解之道德發展上的照護行動，正如以公平為道德概念把道德發展和對權利規則綁在一起。

由女人所建構不同的道德難題框架，也許可以被看成是她們無法在寇薄體系限制中成功完成發展的重要原因。將所有責任建構視為傳統道德理解的證據，寇薄把道德發展的最高階段界定為對人權的反應式理解。權利的道德和責任的道德不同是在於分離而非連結的強調，個人的考量而不是關係的考量，展現在對一個有關於道德本質訪談問題的答覆。第一個答覆來自一位二十五歲寇薄研究的男性受訪者：

（道德這個字眼對你而言有何意義？）沒有人知道答案。我想那是認知到人的權利、他人的權利並且不去妨礙他人。彼此之間盡量公平對待。我想基本上是保障人生存的權利，那是最重要的。其次是去做一個人想做的事，只要他不妨礙別人的權利。

（自上次訪談後，你對道德的觀點有何轉變？）我認為

我現在更清楚的察覺到個人權利了。我曾經自顧自的只從自己的觀點看。現在我則更明確地感覺到個人所擁有的權利。

寇薄（1973）引述這個男人的反應作為他展現第五和第六階段主要人權概念的例子。在提到這個反應時，寇薄說：「邁向一個社會之外的視野，他將道德認同於正義（公平、權利、黃金律則）伴隨著體認那些自然地或本質地界定他人權利。人類只要在不侵犯他人的前提下可以／具有為所欲為的權利是優位於社會立法之前的權利界定」（頁29-30）。

第二個反應來自一個參與權利與責任研究的婦女。她也是一位當年二十五歲的三年級法律系學生：

（道德難題真的有解嗎？或者每個人的意見都一樣正確嗎？）不，我不認為每個人的意見都正確。我覺得在某些情境中，可能會有些同樣有效的意見，一個人可以根據良知來選擇一個行動的方案。而在其他的情境中會有對或錯的答案，一種攸關存在的本質，一種一個人必須和其他人一起共同生存。我們彼此依賴，理想上那不僅是個物理／生理上的倚賴，而是一種自我成就，一個人的生命因為與別人合作而更加和諧完美，並且大家都致力於和平共存，為了那個目的就有了對錯，有些事增進那個目標，但有些則否。就此意義而言，在某些狀況中我們可以依據要追求或否定上述的目標，而採取不同的行動方針。

（在過去妳可曾對這些事情有不同的看法？）噢，當然，我想我經歷過以相對的眼光看事物的日子，因為我覺得妳我各自有不同的良知，因此我無法告訴妳／你做什麼，而妳／你也不能要求我按照妳／你的意思採取行動。

（什麼時候？）在高中的時候。那大概是我頓悟了自己的改變，既然我自己都變了，因此我認為我無法評論別人的判斷。但是現在我覺得即使只有個人會被影響到，若那改變是不符合我所知道的妳／你和人的本性，我會說那是錯的，同樣的道理也適用在世界的運作上，若然我會說我想妳／你犯了個錯誤。

（妳覺得什麼原因造成妳的改變？）看多了吧！大概是理解了人們有許多共同的特點。妳／你學到了有許多作法會促進人們較好的生活、和善的人際關係和自我實現，而其他則否，對於那些有正面效果的事，妳／你就稱它們為道德正確。

這個反應也代表了一個人在經歷一段時期的質詢和懷疑對道德的個人重（新）建（構），但這個重建並非植基在個人權利普遍化的優位性，而是像這位女性當事者所稱的「對世界負責任的一個強烈感受」。在此重建之中道德難題從如何不妨礙她／他人權利的前提下，行使自己的權利轉換成為「如何去過一個包含對自己、對家人和對一般人盡義務的道德生活」。問題因而變成不放棄道德顧慮下如何限制權利。當被要求形容自己時，這位女性

說她讚許／看重「那些和我有關係以及我對她／他們負有責任的人。我有個強烈對世界負責任的感覺，我不可以只為自己的快樂而活，就僅以我活在這世上，讓我有改變這世界並讓它變的更好的義務，不論是多麼微不足道的」。因此當寇薄的受訪者在擔憂別人侵權的時候，這個女人則在煩惱「忽略的可能性，也就是當能幫助別人的時候而妳／你卻沒有做到」。

這位女性所提的議題也是樓文就（Jane Loevinger）自我發展理論中的第五個「自治」的階段，這是個被定位在關係中，透過認知她／他人，須為自己將來負責界定成為一個關切和敏感的能力。在樓文就的說辭中，自治是二分法道德觀的消融，同時一種「對活生生的人和真實情境中多面向和複雜的感覺」，取而代之的階段（頁6）。因而導引寇薄主要層級（第五和第六階）道德感的權利概念是，針對道德矛盾中所有理性的人所能同意的一個客觀或公正的解決方案，但在責任概念中焦點則反而被置放在任一特定解決方案的局限性，以及在採取某一手段之後所生的衝突。

這樣看來為何權利道德和非介入對女人而言是如此可怖，因為那意味著淡漠和冷血的證成就相當清楚了。同時從男性的角度而言，在強烈脈絡相對性的角度上，一個責任道德顯得是如何的不完整和擴散。女人的價值判斷因而闡明了在描述發展時，我們可以觀察到的性別差異的模式，但它們也提供一個另類的成熟概念，藉此可追尋這些差異的來源和評估它們的影響。始終被說成因強烈朝向關係和互賴所形成特色的女性心理學，其實更意味著一個脈絡模式的判斷和一種不同的道德理解。基於自我和道德概

念上的差異，女人給生命週流帶來一個不同的觀點，和以不同優先順位的方式來排列人們的經驗。

麥克里蘭（1975）所引述的用來例證女人對權力態度的農神狄咪特女神（Demeter），和冥府女王波色風妮（Persephone），是與兩千年來從古希臘開始就被熱烈慶祝的伊留西尼恩穀神祭神話（Eleusinian Mysteries）密切相關。正如在*荷馬*（Homeric）《*農神頌*》（*Hymn to Demeter*）中顯現的，波色風妮的故事標示了互賴的力量，累積資源和施予，也就是麥克里蘭在他有關權力動機的研究中顯示成熟女性風格的特色。雖然麥克里蘭說：「*雖然大家都可以下結論說沒有人知道神話中到底是怎麼回事，但我們了解那或許是最重要的宗教儀式，儘管在歷史中的記載是片段的，那是男人在以酒神迪奧尼索思*（Dionysos）*密教為手段，搶奪之前全由女人所組成為女人所做的儀式*」。因此麥克里蘭把這個迷思／神話視為「*女性心理學的特殊展示*」（頁96）。那也是個具有普遍性生命週流的故事。

波色風妮，這位狄咪特女神的女兒，在和她的女性友人們在草原上玩耍時看到一株水仙並跑過去摘它。當她這樣做時，地裂開了，她被冥王（Hades）抓走並被帶去他的地下世界。狄咪特因為失去女兒的強烈悲傷，就讓土地失去孕育力量而長不出任何東西。養活地球人畜的穀物都枯萎了，害死了許多的生物，一直到天神宙斯（Zeus）憐憫人的苦難並慫恿他的兄弟把波色風妮還給她的母親。但在離開之前，她吃了一些石榴子，這使得她必須在每年中都在冥府中待一些時間。

女性發展的晦澀奧秘歸結在它對於人類生命週流中持續不斷依附的重要性體認。男人生命週流中女性的位置是保護這個體認，而發展祝禱詞所吟唱的卻是分離、自治、個人化和自然權利。波色風妮神話提醒我們自戀導致死亡、地球的生產力是以某種不為人知的方式和母女關係的延續連結在一起，和生命週流的本身從女人和男人世界的交替所生等方式與這個觀點直接對話。唯有在生命週流的理論家分隔注意力並且開始像關注男人一般的留心／觀察過女人的生活，她／他們的視野才會包含兩種性別，而且她／他們的理論才有更適切的豐饒性。

第二章

關係的風貌

在一九一四年佛洛依德一篇〈自戀〉（On Narcissism）的文章中，思及「為了無趣的理論爭議放棄觀察」而強忍自己的不快，並擴展了心理學領域的版圖。在追尋他所認為等同於成熟和心理健康的愛之能力發展時，他把此一能力的起源對照於對母親和對自己的愛上。但也因此把愛變成是自戀與**客體**關係的兩個不同世界時，佛洛依德發現男人的發展是愈來愈清晰，但女人的卻是益加晦暗。這個問題之所以產生，乃在於自我和母親之間有兩種不同形象關係的對照。當援引男人的生命以書寫人的成長軌跡時，佛洛依德無法追尋在女人之中的有關關係、道德，或者一個清楚自我概念的發展。這個要硬把女人經驗加在他理論邏輯中的困難，使得他終究決定把女人（和他的理論）分開並標示她們的關係，就像她們的性生活一樣是「**在心理學來說的『黑暗大陸』**」（1926，頁212）。

因此遮蔽了對女人發展理解的詮釋性問題，也從她們人際關係上所被觀察到的差異中顯現出來。雖然生命之中也有女人的存在，且在其他地方也算是見到女人並合理地了解她們的佛洛依德，但卻覺得女人的關係益加神秘，不容易發現和幾乎無法被描述。在這個奧秘顯示理論是如何掩蔽了觀察，它同時也暗示了女人的發展是如何被一個攸關人際關係的特殊概念所掩蓋／飾。由於人際關係的形象形塑了人類發展的敘事，由含括女人所試圖造成的形象改變，也意味著整個有關人類發展說辭的變化。

形象改變和女性發展相關所製造的問題是由一男一女兩位十一歲的兒童，在道德判斷上因觀察同樣的道德困境，但卻以截然

不同的方式表達所清楚顯示的。當現在通行的理論強而有力地展現了男孩思想和邏輯時，它並不注意女孩。對於在道德判斷上排除道德發展評價既有類屬的這樣一位女孩的選擇，意味著詮釋的重要而非彰顯性別差異自身。基於此一女孩思考形象所加入的一個新的解讀方式，不僅使發展可以用一種前所未有的方式所理解，同時也提供了一個迥異於以往且不必牽涉好壞來明白關係的可能性。

這兩位兒童都是國民小學六年級的在學學生，並參與探索有關道德和自我概念意圖的*權利與責任研究*。這個研究所選擇的樣本是特別針對在社會性別和年齡的變項，同時藉由控制高層次既有量表中和道德發展有高度相關的智商、教育和社會階級等因素。這兩位孩童愛咪和傑克都很聰明且具分析力，同時以十一歲的年齡而言，她／他們都不輕易地為既有的性別刻板印象所局限，因為愛咪想要作科學家而傑克則喜歡英文遠勝於數學。然而這兩位孩童的道德判斷乍看之下符合傳統觀念的性別差異，顯現了女孩在道德發展上的優勢，逐漸在青春期因接受男孩思考模式中的形式邏輯而漸居下風。

這兩位十一歲孩童所被要求解決的是個由寇薄所設計，為了測量成人期道德發展系列中的一個從道德規範，和探索它解決方案邏輯間衝突的問題。在這個問題裡，有位名叫漢茲的人掙扎在要不要偷一個可以治療好妻子絕症但他買不起的藥品。按寇薄訪談概要中的標準程序，這個矛盾的本身——漢茲的難處、妻子的病狀、藥局拒絕降價——是由這樣的問句提出「*漢茲該不該偷*

藥？」接下來是一系列為了探索道德思想底層結構，並將這個矛盾的母體擴展且增加變異性的問題，包括了要和不要的原因。

十一歲的傑克在一開始清楚的認為漢茲應該偷藥。正如寇薄一樣地架構這個矛盾，傑克把它看成是財貨和生命價值之間的矛盾，他揀選了生命合理的優先性並且以邏輯證成他的選擇：

> 最起碼人命是比金錢要更有價值，而且如果藥商只賺一千美元他還是活的下去，但如果漢茲不偷藥的話，他的妻子就沒命了。（**為什麼人命比較值錢？**）因為藥商稍後可從富人那賺到一千元，但漢茲卻無法讓妻子復生。（**為什麼呢？**）因為人和東西不同嘛，妳無法讓她活過來啊！

當被問到如果不愛自己的妻子，漢茲是否還是該偷藥時，傑克回答是的，並且「**憎恨和殺戮是有差別的**」，同時如果漢茲被抓到了，「**法官可能會認為漢茲做了正確的事**」。當被問到根據法律的規定，偷竊事實上是違法的，傑克說：「**法律也可能有錯誤，你無法把所有能想像的都寫進法律裡**」。

因此，在顧及法律且明白它的功能在於維繫社會秩序／安定（傑克說：「**法官應該給與漢茲最輕的刑期／懲罰**」），他同時也看出了法律是人為的，因而有錯誤和可以有修改的餘地。然而他有關漢茲應該偷藥就如他認為法律也有錯誤的看法一樣，是建立在一個約定的前提上，也就是整個社會對於一個能讓所有人明白和期望什麼是「**該做的事**」的道德價值的整體共識。

著迷於邏輯的力量，這位十一歲的男童把真理定位在數學上，他說：「唯一重要的是全然合乎邏輯的事」。把這個道德難題看成一種諸如「有點像和人有關的數學題目」，他把它設定成一個等式並試著找出解決的方法。由於他的解法是以理性導引而來，他就認為所有依據理性運作的人都會獲致相同的結論，也因此法官會覺得對漢茲而言，偷藥是正確的事。但傑克也明白邏輯是有局限性的。當被問到道德問題有沒有正確的答案時，傑克回答：「只有在判斷有對有錯」，因為行動的母體是變異且複雜的。在舉例說明基於最良好的美意有時會帶來災難／悲劇性的後果時，傑克說：「比如你在電車上讓座給一位老太太，萬一發生車禍而那個座位飛出窗外，這有可能是老太太致死的原因」。

　　發展心理學的理論把這位男童的想法說得清清楚楚，坐落在兒童期和成人前期之間，在皮亞傑所描述的兒童智力期的頂峰並開始歷經許多可能性的思考過程。成人前期的時刻是在一個操作性思考的關卡，其中自我還是坐落在男孩兒童時期事實上的母體當中——他的年齡、居住地、父親的職業、他喜好和不愛事物，以及他的信仰。然而，正如他的自我描述投射到一個以艾瑞克森術語所說的，勤勞重於次等性良好平衡的兒童自信——勝任的、自信的、熟諳遊戲規則的——也像他茁生的形式思考能力，他對於思考的思考和以邏輯的方式把事物理出頭緒，使他豁免於權威並能讓他自己找出解決問題的方案。

　　這個依循寇薄六個階段的道德發展軌跡所茁生的自治（力）追尋一個依三個層次的進步，由基於個人需欲的、自我中心的公

平理念（第一和第二階）到一個社會中一般人所分享的傳統並同意所坐落的公平概念理解（第三和第四階），最後，這個公平的原則理解植基於平等和互相自主的邏輯（第五和第六階）。這位十一歲男童的判斷分數在寇薄的量表中是屬於傳統的第二階和第四階段之間，他在尋找解決道德矛盾時所顯示的演繹邏輯，把道德從法律之中分化出來，以及體認在朝向寇薄所等同於道德成熟的正義原則概念的法律裡也會有錯失之處。

相對而言，愛咪對此一道德難題的反應傳達了一個相當不同的印象，一種由邏輯失誤所形成的道德發展形象，一種無法替自己著想的失能。在被問及漢茲應不應該偷藥，她以一種曖昧、含混的方式回答：

嗯，我覺得不應該。我想除了偷之外，也可已有其他的方法，譬如說他可以向人借錢或者找地方貸款，但他實在不可以偷藥──而他的妻子也不應該死。

研究者問愛咪為何漢茲不該偷藥，她既不考慮財產或法律，反而是偷竊會對漢茲和他妻子關係帶來衝擊：

如果他偷了藥，那也可能只救了他妻子於一時，而且如果做了，他也有可能下獄，而他的妻子也許會病得更重，但他無法得到更多的藥，病就無法痊癒。因此他／她們該商量出找錢的方法。

並不是以人際關係中的數學問題看待，而是以持續一段時間的人際關係敘說，愛咪看到了妻子對先生的持續性需要和先生對太太的關懷，並找出一個能夠維繫而不是終止對藥商聯繫的反應。正如他把妻子的存活連結在關係的延續上，愛咪也把妻子生命的價值定位在一個關係的脈絡中，並說讓妻子死亡是不對的，「如果她死了，她就傷了自己和許多人」。由於愛咪道德判斷是植基在「若有人有那種可以讓別人活下去的東西，那麼不把東西給需要的人是錯的」信仰上，因此這一個道德上的難題在她看來就不在於藥商對自己權利的強調，而在於他的不恰當反應。

　　當測試人以寇薄對這個難題所建構的一系列問題繼續詢問愛咪時，她的答案基本上都沒有改變，不同方式的試探都沒有讓她延伸或改變先前的答案。不論漢茲是否愛他的妻子，他還是不該讓她死，也不該偷藥；如果問題換成是一位陌生人即將死亡，愛咪說：「若這個陌生人沒有任何親人或熟人」，那麼漢茲應該設法救她，但他還是不應該偷藥。但當訪談人以一再重複問題的方式意味著愛咪的答案是前所未聞的或是錯的時候，愛咪開始沒有把握，而她的答案也愈來愈像是有條件的或不確定的。當再被問到漢茲是否該偷藥時，她回覆：「因為那是不對的」。而再被要求解釋為何時，她還是回答偷藥並不是個好的解決方法，並加上了「如果他偷了藥，他還是有可能無法把藥交給妻子，而她也依然會亡故」。無法看穿這個難題自身在道德邏輯上具有周遍性的問題，愛咪不能分辨解決方案中的內在結構；基於自身對於問題的不同架構方式，她也就完全無法參透寇薄的概念了。

相對地以一種關係組合而非個人獨立存在的方式來觀看世界，一個人們連結所形成的和諧而不是一套系統性的規則，她發現困境謎題的關鍵其實在於藥商不對妻子做恰當的回應。說了「可以救人的時候卻見死不救是不對的」，愛咪假設／認定若藥商看到了自己不願意降價所發生的後果，他就會明白「他該是把藥給太太並在之後要求先生付出藥錢」。因此她認為恰當解決這個問題的方法是讓藥商知道女人病情的嚴重／致命性，或者在無法做到這點時，喚醒其他可以幫忙的人並使之介入。

　　正如傑克很有把握的認為法官會同意漢茲的偷藥是件正確／恰當的行為，愛咪也很自信的覺得「如果漢茲和藥商能夠好好的坐下來商量，他們一定可以找到除了偷竊之外的某種（解決）方法」。就像傑克說法律「有時候也會錯」，愛咪也把這個劇本看成是個錯誤並且相信「這個世界應該讓人們彼此共享，以避免偷竊的必要性」。這兩個孩子都體認到共識的必要性，但她／他們是以不同的方式在看著達成的方法──男性以非個人性的經由體系邏輯和法律，女性則是個人性的透過溝通。正如他依賴傳統邏輯的歸納找到解決此一難題的方法，她卻靠著溝通的過程認為人們之間有連帶，並相信自己的聲音終究會被傾聽。然而當男童有關共識的前提藉由問題和所提答案之間的輻輳確認時，女童的前提卻因訪談者無法理解她的答案，也就是一個在溝通上的錯失而被誤解。

　　雖然訪談者對愛咪所造成的挫折可以在重複的問題和循環性中被顯現，但問題詮釋的癥結其實是在她反應上的評估。當我們

以寇薄所界定的道德發展順序和階段的架構／概念考慮時，女童的道德判斷顯得比男童的成熟程度要低一整個階段。在分數上所顯示的第二和第三階之間，反應了女孩對世界有種無力感，欠缺一種針對道德或法律概念系統性思考能力，躊躇於挑戰權威或者檢驗所接受道德真理的邏輯，一個甚至在採取直接行動救一條性命或思考此一可能性的無能，若然則可能有個具體的後／效果。就像她對關係的依賴似乎意味著持續不斷的缺乏自主和脆弱性一般，她認為溝通是可以解決道德矛盾的信仰，這看起來是天真且認知上不成熟的。

　　然而愛咪的自我描繪傳達了一個迥然有別的印象。青春期的孩童再次地印記刻畫了一個對自己很有安全感的孩子，堅信她自己的信仰內容，並且確定她自己有能力從事對社會有益的事情。把自己在十一歲的情景描述成「成長與改變」，她說自己「**現在看事情不一樣了，因為我現在很了解自己，而且也很明白這個世界**」。但她所明白的是寇薄在設計漢茲難題歪曲的不同世界。她的世界是充滿關係和心理學真理的世界，在其中對人們之間連結的理解意識會產生彼此之間責任的體認／認知，一種對於需要做出反應的認識／知覺。由此觀之，她對道德的理解是從關係的體認萌生，她對於溝通是有效解決衝突的模式，以及她對難題的解決方案的執著絕不是天真或認知上的不成熟。反之，愛咪的判斷包含了一個對關懷倫理核心的洞見，正如傑克的判斷反應／映了正義徑路的邏輯一般。她對於「**真理方法**」的知覺（認識），一種非暴力衝突協商精髓的體會，和她對關懷的恢復（重建）性行

動的信念，使得她並不是以競賽中敵對的雙方，而是以網路關係中彼此互相依賴方得持續的成員，來看待陷在矛盾情境中的行動者。結果她對難題所提出的解決方式就是藉由溝通啟動網路，妥適地把妻子納入其中並強化其中的連結。

其實愛咪反應中的不同邏輯，使我們注意到了有關訪談詮釋的本身。原先被當作訊問的反而（在愛咪的回答中）變成了對話，在其中有它自我的道德面向，包含了訪談者所使用的權利和尊敬的彰顯。隨著訪談概念的轉移，人們很快就知道訪談者之所以對愛咪的答案發生問題，是因為她回答了一個和訪談者所原先自己以為恰當的另一個問題。愛咪並**不是**在考量漢茲是否該採取行動（「*漢茲是否該偷藥？*」），反而是在對妻子需求上漢茲應該**如何**行動以反應這個理解（「*漢茲是否該偷藥？*」）。訪談者將行動的模式視為理所當然，把它當成是個事實；愛咪認定行動的必要性並思考著該被採取的形式。訪談者無法想像一個在寇薄道德哲學中作夢都沒有夢到的反應，見證了他們聽不到愛咪所關注的問題和從她的立場看她的反應邏輯，區辨從某個角度看來好像是在逃避問題，也代表了以不同方式來理解問題並尋找一個更為完整的解決方案。

因此在漢茲的難題中，顯現出了這兩個孩子是在看兩個截然不同的道德問題——傑克所看到的是個可被邏輯歸納所解決的生命和財產之間的衝突，愛咪則是一個只能由自身方式彌補破損的人際關係。詢問從道德領域中由迴異概念所生的不同問題，這兩位孩童獲致了南轅北轍的答案，而把這些答案安排成為根據男童

的反應邏輯所構成的一個增長道德成熟的連續階段，且整個錯失
由女孩判斷的不同真理。針對「什麼是男孩所看到但女孩視而不
見」的問題，寇薄的理論是空無一物／什麼也沒說的。由於大多
數女童的反應漏到寇薄量表的篩子之外，她的答案被寇薄當成是
逃逸在道德領域之外。

　　但正如傑克表現一個對證成─邏輯的深度理解，愛咪也同樣
展示了她對選擇本質的高層次認知／識。體認「如果兩條路分別
到完全不同的地方，而且當妳／你選擇其中一條的時候，妳／你
永遠也不會知道如果走另一條路會發生什麼事」，她解釋道「那
是你／妳必須冒的險，就像我說過的，那真的就只是個揣測」。
為了用比較「簡單的方式」說明她的論點，她描述參加夏令營的
原因：

> 　　我永遠都不會知道若不去會發生什麼事，如果夏令營出
> 了差錯，我也沒有把握說如果不去會比較好。這是沒辦法的
> 事，因為妳／你不能又去又不去，所以必須決定，但永遠不
> 知道（決定的）後果。

　　就這樣，這兩個都很聰明也都對人生在不同方面相當有自己
獨特見解的十一歲孩童，展現了不同模式的道德理解，針對衝突
和選擇不同的思考方向。在解決漢茲的難題時，傑克依賴偷竊以
避免敵／面對並藉助法律以解決紛爭。把權力的階序倒置成為一
個價值的階序，他消解了一個爆炸性的人際衝突，並把它列成一

個非個人性的宣稱衝突。如是,他把從人際情境中的道德問題抽象成以一個客觀的方式,以此找出正義邏輯並決定誰在爭議之中佔上風。但這個有著輸家和贏家形象並蘊含著暴力的可能性層級的階序,在愛咪的難題建構中被一個網路連結,一個藉由溝通過程所維繫的關係網絡所取代。隨著這個轉化,道德問題從不公平的支配、財產重於生命的強加變成一個不需要的排除,也就是藥商並沒有對漢茲妻子做出人飢己飢、人溺己溺的反應。

有關這個道德問題在程式上的轉換和關係面貌上的共變,同時也在兩位八歲孩童,傑佛瑞和凱潤的反應中表現出來,她／他們被要求描述一個自己不知道什麼是該做的事的情境:

傑佛瑞

當我很想去找朋友玩而媽媽在清理儲藏室時,我會想到我的朋友,然後想到媽媽,然後考慮做對的事。(但你怎麼知道什麼是恰當的呢?)因為事情總有順序啊!

凱潤

我有許多朋友,我也不可能一直都和所有的人一起玩,因此必須輪流和每個人玩,因為大家都是好朋友。如果有人落單,我就會陪她玩。(當你做那個決定的時候,你在想些什麼事情啊?)嗯,一個人很孤單、無聊。

當傑佛瑞設定了一個層級的階序以試圖解決需欲和責任之間衝突,凱潤描述了一個包含了她所有朋友的關係網絡。這兩位兒童都是在處理有關排除和由選擇所造成的不同優先順位,但當傑

佛瑞關心誰該最先的時候，凱潤卻在注意誰被冷落／排除了。

　　這兩個由孩童針對道德衝突和選擇的有關層級和網路的對照形象想法，所展示的是兩種相輔相成或者互補，而不是對立或順序性的道德觀點。但實際上此一差異的建構在發展理論上是對層級和次序差異的排列比較有利。在發展理論的階序和男童思路結構之間的關聯性對照於既有理論和由女童思考結構間的落差。但這兩者的不同模式並沒有任何優先性。因此，這兩種看法之間的差距就產生了問題：這個差異有什麼重要性，這兩種不同的思考模式之間可有連結？這些問題可以由思索兩位孩童對道德的理解和她／他們自述之間的關係被凸顯出來：

傑克	愛咪
（妳／你是怎麼向自己描述自己的？）	
完美的。那是我自大／戀的一面。妳想知道什麼——任何我想挑的形容詞嗎？	妳是說我的性格嗎？（妳認為呢？）嗯，我不知道耶。我會把自己形容成，到底是什麼意思？

（如果妳／你要向一個人敘述你／妳真正的自己，

妳／你會說什麼？）

我會先說我十一歲，姓傑克。我再說我住城裡，因為那很重要，還有我的父親是位醫生，因為那對我也有影響，我不同意犯罪行為，	啊，我會說我是個喜歡上學並努力讀書的人，那也是我這一生會去做的事。我想成為一位科學家，有所成就並且幫

除非我是漢茲。我覺得上學很無聊，而那也會對人的個性有些衝擊。我其實不太知道該怎麼形容自己，因為我不知道怎麼樣觀察我的人格。（如果你必須用一個適用於自己的方式描述自己，你會怎麼說？）我喜歡粗俗的笑話／玩笑。我其實不喜歡工作，但學校裡頭的事我都應付得來。在學校裡老師所教的問題，我都能解決，除了那些需要知識的當我讀完教材我就可以解決，有時候我不想把時間浪費在簡單的問題上。我狂熱的喜歡運動。不像許多人，我覺得這世界還是有希望……大多數我認識的人我都喜歡，而且我的日子也滿好的，大概像一般人一樣好吧，還有我在十一歲的人當中算是高的。

助別人。這大概就是我這個人吧！或者就是我想成為的人，那也是我會用來自我介紹的方式。我真的很想幫助別人。（為什麼呢？）嗯，我覺得這個世界充滿了問題，我想每個人都該想盡辦法幫助別人，而我的選擇就是透過學習科學。

　　在這位十一歲男童的聲音裡，有個非常熟悉的自我定義形式，幾乎就像年輕的史蒂芬‧戴達陸斯（Stephen Daedalus）在他地理課本中所銘刻的：「他，他的名字和他所住的地方」回應了出現在《我們家鄉》（Our Town）裡所陳述的在一個層級階序的時間、空間以界定一個人在其中的位置。藉由把自己放置在世界

中一個特別的位置以描述自己的特殊性，傑克把自己在他的能力、信仰和他的高度世界中凸顯出來。雖然愛咪也列舉她的喜好，她的需求和她的信仰，但她卻以自己和世界的關係定位，把她自己從能夠自己和她／他人連結的行動中敘述且經由幫助她／他人以進一步發展這些連帶。對傑克理想中的完美，他以之衡量自我價值，愛咪列出一個關懷／愛的理想作為評估自己行動的價值／意義。當她把自己放在與世界有關係並選擇藉由科學以助人，他則把以自己和世界的關係作為性格、位置，和生活品質的描述。

　　藉由分離所界定自我和連結所刻畫自我的對照，在一個抽象的完美理想丈量的自我，和透過表示關愛特殊活動所呈現的自我之間變的更為清晰，而且此一對照的延伸意涵，也從這些孩子以不同的方式思考一個人對於自我和她人的責任間衝突的解決方案裡顯現出來。跟隨著一位婦人對奉獻於工作和家庭關係之間的衝突產生了一個有關責任的問題。在當此衝突的細節影響了愛咪回應的同時，傑克把責任的問題，從它出現的脈絡抽象並把親密關係的主題以他自己想像的爆炸性連結取代之：

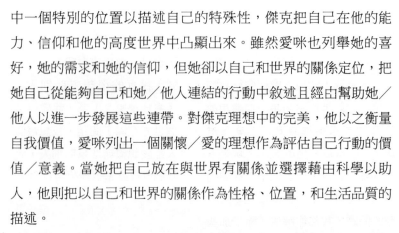

傑克	愛咪

（當對自我和對他人的責任對立時，人們該做何種選擇？）

妳把決定的四分之一用來顧慮他人，其餘的考量自己。	嗯，那可得看情形吧！如果妳對別人有責任，妳就該做到某個程度，但如果那個程度會傷到妳自己或者那個程度會讓妳無法從事妳真正想做的事，那麼妳就該想到自己了。但如果妳對於一個很好很親的人有責任，那妳就得決定那個比較重要，是妳還是別人，就如我說過的，這得看妳是個什麼樣的人，和在那個情境中另外的人又如何。

（為什麼？）

因為在妳決定中最重要的部分應該是自己，千萬別被別人牽著鼻子走，即使妳必須把他們列入考慮。因此，如果妳想把自己綁在原子彈上炸掉，或許妳該換個手榴彈，因為妳該想到（如果是引爆原子彈的話）鄰居也會遭殃的。	嗯，就想永遠有些人只顧慮著自己，而另外有些人卻時時替別人著想。比如說我想妳的工作大概並不真的如妳所愛的人的工作那樣重要，像妳的先生、雙親或者一個密友。有些妳真正關心的人──或者那只是妳工作上的責任或妳根本不認識的人，那麼也許妳可以先顧慮到自己──但那

如果是妳真正關愛的人，或妳關愛她／他甚於關愛自己，那妳就得決定妳真正最愛的是什麼，他人嗎？物嗎？還是妳自己？（**那得怎麼做呢？**）嗯，妳得好好想想，把兩種可能性都想清楚，找出哪個會對大家都好，或哪個對自己比較好，哪個比較重要和哪個會讓大家都其樂融融。譬如別人都叫不動別人，不論是什麼事，或那事根本就不需要妳，也許做妳想做的比較好，因為那對別人也沒影響而他們也滿樂的，那妳就會快樂了，因為那也就是妳所要的。

（**責任的意思是什麼呢？**）

那大概是在我做事的時候想到別人，例如我想丟一塊石頭，就不可以朝窗戶丟，因為我要顧慮別人可能得花錢把它修好，所以不能只為了自己高興，因為人必須和別人及社區共同生活，如果妳作了傷害別人的事，許多人就會受苦，那樣就是錯誤的事情。

那是別人依賴妳做的事情，而妳不能就決定說：「**我就是要這樣／那樣做**」。（**有沒有其他種類的責任？**）是的，對自己。如果有件事看起來很好玩，但它可能會傷到妳，因為妳並不知道怎麼著手，同時妳的朋友說：「**哎呀，別搞了，妳能做的，不要想**

那麼多。」如果妳真的不敢，那
麼妳對自己的責任就是如果妳覺
得那會傷到自己，那妳就不能去
做，因為妳必須照顧自己，那就
是妳的責任。

　　再次的，傑克把難題架設成為一個數學的等式，延伸了一個
導引解決方案的程式：四分之一為別人，四分之三為自己。以此
開始他對自己的責任，一個他視為理所當然的責任，然後再考量
他對別人責任的程度。從一個分離的前提出發，但也體認「人必
須和他人共存」，他試圖尋找局限干涉和以此極小化傷害的規
則。在他的建構中，責任是對行動的限制，一個對攻擊性的約
束，且由一個他的行動對別人有影響的認識所導引，正如別人的
行動也對他有影響一般。因此規則藉由局限干涉，使人們在社群
中的生活安全，經由相互性保持自治／主，並且把相同的考量拓
展到她人和自我。

　　對於有關對立責任的問題，愛咪也同樣是做脈絡式而非類屬
式的反應，她說「看情形」並且指出決策是如何被個人特性和當
時情況的變異性所左右。從連結的前提進行「若妳對別人有責
任，就該負擔著它」接著她才考慮她對自己的責任。在探索分離
的母體時，她想像那些做了之後可以避免自傷或者做以後不致
減損他人快樂的事情。對她而言，責任表示了反應一個拓展而非
限制的行動。因此它意味了一個關愛的行動而不是對攻擊性的約

制。同樣在尋找一個寬廣且含括所有人需欲的解決方案，她致力
於用一種「讓大家都滿意」的方式來解決困境。由於傑克關心的
是節制干涉，而愛咪卻專注在有反應的需要，對他限制的條件是
「絕不可讓別人牽著你的鼻子走」，但她生於「別人在靠著妳」
因此「妳不能就『我就是想這樣或那樣』」。這兩種反應的交
錯，在於她清楚的以連結為前提而探索分離的母體，而他以分離
為前提從而探索連結的可能情況。但分離或連結的重要性導引出
迥異的自我概念和人際關係。

　　在這些差異中，最令人咋舌的是男孩反應中的暴力形象，在
一個被描繪成危險的敵對和爆炸性連結的世界中，她看到了關愛
和保護一個和別人一起的生活「妳可以愛別人和愛自己一樣或甚
至甚於愛自己」。由於道德觀念反映了對社會關係的理解，這個
在關係形象上的差異產生了一個在道德相關理解上的變化。對傑
克來說，責任代表了不要做他想做的，因為他考慮了別人；就愛
咪而言，它意味了做別人所依賴著她的而不管她自己是否想要。
這兩位孩童都在考慮避免傷害，但她／他們卻以相當不同的方式
在設定問題——他把傷害當成是從攻擊性的展現所產生的，她認
為傷害由不反應所生。

　　如果發展的軌跡是從這兩位孩童其中一位的反應中導引出
來，那麼它就會有不同的面貌。對傑克來說，發展是能夠看到他
人和自己平起平坐，並發現平等提供了一個連結安全的方式。就
愛咪而言，發展是隨著自己融入一個日益擴大的連結，同時發現
分離也具有其保護作用且不必然引發孤立。在觀察這兩條不同的

發展途徑和特別有關分離和連結經驗與自我聲音的不同表達方式，男孩發展的再現被當成是對兩性都適用的唯一成人發展途徑，當我們用它來詮釋女孩發展的時候，製造了一個持續的問題。

因為發展植基在分離的前提上而且也被一種失敗的關係敘說——對前伊底帕思的依附、伊底帕思的憧憬、前成人期的密友和成人之愛——對立於分離背景的關係只有在短暫爆發後被更多同理的個人化所取代，女孩發展顯得問題重重，因為在她們生命中的持續關係。佛洛依德把青春期少女的內在轉向歸諸於基本自戀的強化，顯示了一個在愛或者對物關係的挫敗。但如果此一內在轉向是建構在以對照於一個持續連結的背景，它就表露了一個自我的新反應性，一個關愛的擴展而不是在關係上的挫折。這樣看來，女孩並不能符合由男孩經驗所導引出的關係種類，這也讓我們注意到了告知人們有關人類發展的說詞，是藉由爆炸連結形象以危險分離形象取而代之的人際關係觀的前提。

這個轉化的重要性顯露在一個由大學生所寫的有關圖像故事和有關暴力形象的研究，該研究報導了在目睹暴力和有關暴力的幻想中所發現具統計意義的性別差異。分離和連結是這個研究的核心主題，由波拉克（Susan Pollak）和我設計建立在對研究前由一班學生在修一門有關動機的心理學的課所寫的報告分析（Pollak and Gilligan, 1982）。這個研究是由波拉克觀察到男性描述一個有關表面看來相當平靜景色中的奇特／怪異的暴力形象，那是一張兩人坐在河邊矮橋板凳上的圖片。在對這張照片作反應時，八十八位男學生中有超過百分之二十一的人寫到了包含暴力意外事

件的故事——殺人、自殺、用刀砍人、綁架或者強暴。相對而言
課堂中的五十位女學生，沒有一位在圖片中投射暴力的形象。

　　在男性有關親密關係故事中可觀察到的暴力，看起來似乎是
侯納（Horner, 1968）所發表有關女人競爭勝利故事中暴力形象的
一個推論。侯納為了描述女性成功之後所期望到的負面影響，並
說明她所發明的類屬「詭異或暴力形象」，引述了一個描述青少
女安的故事，安在她所屬的醫學院班級中是第一名，但她卻被嫉
妒她的同學打得終身殘廢。在男性親密關係幻想中的暴力形象推
論觀察，可以由班上一位男同學在看了前述的圖片所寫的故事中
清楚的展現出來：

　　　　尼克感覺死神一步步的逼近。他覺得身體愈來愈冷。在
　　他掉下冰層之後已經有多久——三十秒、一分鐘？不需要太
　　久他就會被這二月冰冷的查爾斯河（Charles River）所吞噬。
　　他是多麼愚蠢地接受室友山姆的挑戰，而去跨越這冰封的河
　　面啊！他一直都知道山姆嫌憎他。恨他如此的富有，特別是
　　憎惡他和山姆的青梅竹馬瑪麗交往。但尼克是直到此刻才恍
　　然大悟原來瑪麗也是厭惡他並且深愛山姆的。然而他們兩個
　　人就在那兒，平靜的坐在河岸邊的長椅上看著尼克溺斃。他
　　們大概快結婚了，而他們也很可能會以瑪麗為受益人的尼克
　　保險費做為婚禮的費用。

　　提醒觀察者的眼睛注意哪兒有危險，波拉克和我懷疑是否男
性和女性在不同的情境中以迥然不同的方式看待危險，並以截然

不同的方式建構危險。延續起初在男人有關親密關係故事中的暴力觀察，我們決定要找出在成就和依附情境中暴力幻想的分配是否有性別差異，和是否暴力是被男性和女性在親密關係和競爭成功以分化的方式連結在一起。

暴力研究所導致的形象發現統合了先前有關攻擊性性別差異的報導（Terman and Tylor, 1953; Whiting and Pope, 1973; Maccoby and Jacklin, 1974），顯示在男性所書寫的故事中有壓倒性多數／比率的暴力事件。在動機課程中的八十八位男性中，百分之五十一寫過至少包含一個暴力事件的故事；相對而言五十位女同學只有百分之二十有書寫到暴力事件，且沒有一位女性寫超過一個含有暴力事件的故事。但這個研究也顯示了在暴力幻想的內容和分配上有性別差異，指出男人和女人在想像人際關係時是以不同的方式進行的。

構成測試的六張圖片中有四張被用來做為研究的分析，因為它們提供了清楚確定的成就和依附情境。兩張圖片顯示了一男一女非常親密──坐在河邊長椅上的一對，另外一張是兩位空中飛人彼此抓住對方的手腕，男人掛在盪鞦韆上，而女人則吊在半空中。兩張圖片都表示人們在非個人性成就情境中的動作──一個男人坐在一棟高聳大樓內的辦公桌，和兩位穿白袍的女人在實驗室中工作，背景的女人在觀察而前景的女人則在處理試管。研究集中在分析依據這兩組圖片所寫出來故事的內容比較。被視為一組的班上男生在個人依附情境中所投射的暴力比在個人成就情境中的多。有百分之二十五的男人只對依附圖片寫暴力故事，百分

之二十九對依附和成就都寫暴力故事，百分之七只對成就圖片寫暴力故事。相對而言，班上的女生則在成就的非個人情境中看到比依附情境更多的暴力；百分之十六的女性針對成就圖片寫暴力故事，而百分之六的女性針對依附的圖片寫。

　　正如關於尼克的故事，男人寫的展示了危險和親密關係的連結，同樣有關黑格斯迭小姐由女生所寫的故事，刻畫了把暴力投射在成的情境，並且把危險和競爭性的成就做連結：

　　　　這是個實驗室中平淡無奇的一天，也就是婊子黑格斯迭小姐僅緊盯著學生們的一舉一動。黑格斯迭在倪旦高中（Needham Country High School）已經四十年了，且每堂化學課都是一成不變。她正看著班上最棒的學生珍‧史密斯，她總會到珍那兒，並向其他的學生說只有珍把實驗做得正確無誤，還有她是班上唯一用功的學生云云。但黑格斯迭小姐不知道珍在做一些砷，以便在下午加在她所喝的咖啡裡。

　　若攻擊被當成是個認知危險之後所做的反應，有關暴力形象研究的發現顯示，男人和女人會在各種的情境中以獨特的方式認知危險，並以相當不同的方式建構它——男人更常在親密的人際關係中比在成就的爭取中看到危險，並且男人傾向於把危險建構成為是從親密關係中所生的，女人在非個人的成就情境中認知危險，並往往把它的產生歸咎於競爭性成功。男人在他們親密故事中所敘述的危險，是一種深陷其中不可自拔、背叛、沾上了一段

令人窒息的感情，或者被拒絕和欺騙所羞辱。對照來說，女人在她們成功軼聞中所描繪的危險是孤立無援、出人頭地的畏懼、被別人視為成功，她們自己被別人拋棄等。在黑格斯迭小姐的故事裡，暴力發生唯一一個明顯的原因是珍被當成是班上最好的學生，因此她和別人都不相同。她的報復方法就是做一些砷放在老師下午要喝的咖啡裡，但黑格斯迭卻仍在贊許珍的勤勞和所做的功課。

當人們在圖片中更親近時，在男人故事中的暴力形象也隨之增加，而當人們相距愈遠時，女人故事中的暴力也就愈多。班上最多女同學投射暴力的圖片是坐在辦公桌後的男人（唯一一張只有單獨一個人），而讓最多男學生看到有暴力的則是在高空盪鞦韆上的特技表演（唯一人們有接觸的）。因此，看起來男人和女人是以極不同的方式體驗分離和依附，且每個性別都認知了異性所無法體會的危險──男人在連結中而女人則在分離。

因為女人對危險的認知偏離尋常的期望，高空特技員似乎遠比辦公桌後的男人更多危險，她們的認知因而喚起我們對尋常思考模式的反省。攻擊性的性別差異往往以男性的反應為常模來詮釋，所以女性所表現的缺乏攻擊性就被指認為是需要釐清的問題。然而，在女人和男人所書寫的故事中，對暴力的不同定位讓人們油然而生，即為何女人視高空特技員是安全的問題。

答案其實來自對高空鞦韆故事的分析。雖然高空特技的圖片顯示兩人在沒有安全網的空中表演，百分之二十二的女性在她們的故事中加了安全網。相對而言，只有百分之六的男人想像有張

安全網，但有百分之四十不是清楚的說沒有安全網，就是以其中一人或兩人的摔死暗示沒有安全網。因此，女人看高空盪鞦韆是安全的，因為她們自己提供了安全網讓它變成安全，如果有人掉下去的話。然而無法想像底下有安全網，男人在解釋女人的反應時，輕易的把女人的故事中因為缺少攻擊性歸因為否認危險的存在可能或對攻擊性的壓抑（May, 1981），而不是透過關懷的舉動，使得高空特技變成安全無虞的。當女人想像表演是透過關係網路的編織和連結的維繫，親密的世界——那對男人而言是極為奧秘和危險的——即便看起來是統整和安全的。

如果就像女人所認識的，危險與人類連結的破損有關，那麼關懷／愛的舉動，就是她們想像所暗示的使社會生活安全，是藉由避免孤立和預防攻擊而非尋求能夠限制它程度的活動。由是觀之，攻擊不再被視為是個必須被遏止的破壞性衝動／慾望，反而是個連結被破壞的訊號，一個挫敗關係的信息。以這個角度來說，在男人幻想中，暴力的普遍性意味了一個到處都有危險的世界，表徵了在建構連結上的一個困難，致使關係爆發和把分離轉變成一個危險的孤立無援。在其中女性所缺乏的攻擊性被當成是一個和分離有關的問題，倒轉了這尋常解釋的模式，讓我們可以看見男人故事中暴力的複雜性、它在親密關係脈絡中怪異的位置，以及它與背叛和欺騙連結以做為是和連結問題的指標，導致關係變成危險和分離才會有安全。在由規則所局限的競爭成就情境中，對女人而言是對連結網的威脅，對男人而言則提供了一個建立清晰疆界並局限攻擊性的連結模式，也因而被視為是相對地

安全了。

在一位女性所寫的有關高空特技的故事中，說明了這些論點，並且對通常把成就和依附對立藉由描述關係的持續做為成功的描述以提出質疑：

> 表演的兩位是「飛行的吉普賽」，而他／她們在試演以爭取「鈴鐺兄弟馬戲團」中一個吃重的工作。他／她們是試演的最後一組，而且做得很好。她／他們姿態優雅並且有自己的風格，但她／他們也用了有些隊所不用的安全網。老闆說如果她／他們不用安全網就用她／他們，但「飛行的吉普賽」寧願活久一點並回絕掉那個必須冒生命危險的工作。她／他們知道若兩人之中只要有一人受傷了，整個表演就毀了，因此沒有理由冒這麼大的風險。

在故事中「飛行的吉普賽」最重視的並非馬戲團中的工作，反而是兩個人的福祉。冒著自己生命的危險為獲取成功並預期其中可能的負面結果，她／他們寧願就放棄工作的機會而不放棄安全網保護她／他們的生命和表演，因為「任一人受傷就完了」。

因而女人會試著改變規則，以便保護／存人際關係，男人在被規則約制時，將關係視為可被輕易（隨時）改變的。男人寫了許多關於不義和背叛的情節，最後男特技師鬆手讓女人掉下去，投射最多暴力的這個場景，好像就取代了原先的關係並繼續表演：

> 女特技師和男特技師的好友結婚，他適才發現（在節目

之前）她對他的好友（她的先生）不忠。他以所知去質疑她
並要求她向先生表白，但她拒絕了。他沒有勇氣自己去告訴
（面對）好友，男特技師在一百呎的空中製造了一個意外事
件，讓女特技師在飛行中抓不住他的手，她在事件中死亡，
但他並沒有罪惡感，並相信自己已經矯正了原先的錯誤。

在男性幻想中所普遍存在的暴力，就如十一歲男童道德判斷
中的爆炸形象和偷竊做為解決爭端的一種方法的再現，符合把攻
擊當成是人際關係中的一種弊端的看法。但這些男性的幻想和形
象也顯露了一個連結支離破碎和溝通失靈的世界，其中有背叛的
威脅，因為似乎沒人能知道真相。當被問到可曾想過事情是否為
真實的，十一歲大的傑克常常懷疑人們是否在講真話，有關「人
們所說的，像我有個朋友就說『噢！是的，他說的』有時侯我會
想『他有說真話嗎？』」將真理當成是蘊含在數學而確定性存在
於邏輯之中，他看不到在英語課或人際關係中建立真理的「導／
指引」。

因此，即使攻擊性被視為是本能的，而分離也被認為該有它
一定的限度，在男性幻想中的暴力看起來好像是從溝通中的問題
和對於人際關係缺乏知識／理解所產生的。但當十一歲的愛咪著
手去建構寇薄認為無法成功的連結，女人在她們的幻想中創造安
全網，而男人則描繪消亡，女人敘說兩性都會因遭逢的攻擊而發
出聲音，並把問題定位在自我隔離和在於人際關係中的階序性建
構。

佛洛依德在〈文明及其不滿〉（Civilization and Its Discontents, 1930）中提到了自他青年期就極吸引他的文化與道德的論題，從測量的標準，一個「生命的真正價值／意義是什麼」的觀點（頁64）。指出一封羅蘭（Romain Rolland）所寫的信，其中提到對男人而言最讓人愜意的是一種「永恆的感覺」、一種「海洋的」感覺。佛洛依德雖然頌揚他的朋友，但卻否定他的感覺是一種幻覺，因為他無法「在我自己身體裡找到／發現這種海洋的感覺」。描述這一個「無法消融的連帶，和整個世界一體」的感覺，他解釋道：「從我自己的經驗我實在無法體認到這種情緒的本質。但我沒有權利指稱這種感覺事實上不會發生在別人身上。唯一的問題是它是否被正確的詮釋」。然而在提出了詮釋的問題後，佛洛依德立刻就排除了先前他自己所提的問題，用「它相當不符合我們心理學的理念」為理由，否認連結感覺的重要性。在這個基礎上，他把這種情緒訴諸於一個「精神分析的——也就是說，一個基因分析的解釋」把連結的情緒從一個更基礎的分離情緒中導引出來（頁65）。

　　佛洛依德的論點聚焦在「我們自己的情緒，自我的本體」，那個「對我們而言看起來是自主的、統一的，被清楚地和其他任何東西區隔出來的」。緊接著他又立即指出「這種表象是虛妄的」他所看到的欺瞞並不是在於無法認知自我和他人之間的連結，反而是自我無法認知潛意識中的本我「使得它看來像是無用之物」。轉向基因的解釋，他追溯融合的情緒到嬰孩無法分辨自身的自我和感覺來源的外在世界上。這個區別是當外在知覺的來

源溜過嬰孩使得它有種受挫的經驗而生的，「最主要的是母親的乳房──而且唯有在它哭叫求援時才會再次地出現」（頁65-67）。在他尖叫求助時，佛洛依德看到了自我的誕生，自我和客體的分離導致感官知覺必須被置位於自我的內在，而保留人則成為滿足的對象。

然而這個自我和外在世界的脫離並不是分化啟動而是自治／主的追尋，一種希望對於快樂來源和客體的掌控，以便對抗失望和淪喪的風險而確保快樂的可能性。因此連結──佛洛依德把「嬰幼的無助」和「無盡的自戀」的合一與幻景和危險的否認／拒斥──讓位給分離。其結果就造成了連結到攻擊性的自我強調變成了人際關係的基調。就這樣，一個從失望所生且被憤怒所激化的基本分離創造了與他人或「物」的關係必須為規則所保護的自我，而道德就包含了此一爆炸性的潛力並調節「人類在家庭、國家機器和社會中的相互關係」（頁86）。

但在佛洛依德感官性的部分中，有個和他自己不同的暗示，一個不同於他賴以建立的心理學精神狀態前提，對於「人類基礎相互敵意」的「唯一例外」之「攻擊性」是「形成人們所有感情和愛的關係的基礎形式」，而此一例子乃坐落在女人的經驗「母親和她的男孩之間的關係」（頁113）。女人再次好像是人際關係規則中的例外，由展示一種不摻雜憤怒的愛，一種既不生於分離也不生於物我一體情緒的愛，反而是種連結的情緒，一種他人和自我之間的基礎連帶。佛洛依德說，但這個母愛無法和兒子分享，因為他會「讓自己以一種最危險的方式倚賴外在世界中的一

個部分，也就是他所揀選的愛物，而若在那物因不貞或死亡而拒絕自己或消逝／失去時，他就會暴露在最深沈的痛苦中」（頁101）。

雖然佛洛依德宣稱「在我們愛的時候並非永遠都對痛苦毫無招架力」（頁82），在當人們被導引通過憤怒、良知到文明與罪惡感之間的防禦追求時，更有趣的問題其實是為何母親願意冒這樣的風險。由於對母親而言，愛同時也製造了失望和失去的可能性，答案因而看來在於一種不同的連結經驗和一種不同的反應模式。在佛洛依德所有的作品中，女人都是他所描述人際關係的例外，而且始終都有個共同的議題，一種愛的經驗不論用什麼方式描述——自戀或作為對文明的敵意——看起來好像都沒有以分離或者攻擊性作為它的基礎。以這個分類的眼光來看，自我似乎既非在孤立無援之中大聲喊叫求助，也不是失落在與整個世界的融合中而民胞物與，而是陷在一個看起來不同，但又無法形容的無溶解性關係模型中。

在面對失落和分離時展現出一種持續的連結，女人凸顯了一種不論偏離佛洛依德說詞多遠的自我經驗，那是個他終究必須面對的攻擊性問題的發聲／言語，那個「如何消除到文明之路的最大路障」的問題，「就像攻擊性本身一樣引起許多不快樂」的攻擊性和防衛（頁142-143）。在考慮這個問題時，佛洛依德開始以一個更為基本的連結感覺，並不是個像海洋的情緒，而是「利他／她衝動／慾望」所導致和別人一起並拋錨在「與她／他人合而為一」願望的關係模式作為解決的方案。當描述這個與別人相

和的悸動為對個人發展敵對／不利時（頁 141），佛洛依德開
啟／暗示了一條他先前說詞中從沒見到的思緒，一個並不是由攻
擊和分離所導引，反而是由分化到相互依賴的思路。在將此衝動
名為「利她／他」時，他暗指了一個不同的道德概念，並非從節
制攻擊而是維繫連結所產生的。

　　因而隨著戲劇，佛洛依德在快樂和文化之間創造了一個以道
德為核心角色，把愛的危險轉換成為文明的不適──一個晦暗地
凸顯了「在良知起源中的愛和罪惡感所不可避免的宿命」的戲劇
（頁 132）──另外一個場景開始萌生。在燈光的轉換中連結而
非看似幻境／景，或其爆炸性或超絕性的角色好似個人心理學和
文明生活的最重要特徵。因為「個別的人在人類發展的航道中參
與，也同時在追求他自己個人生命的路徑」（頁 141），就如連
結先前被認為的，分離突然開始被視為幻象／景。然而在佛洛依
德看來，若要把這種連結的感覺涵蓋進入他心理學的內容中，會
根本的改變本能被描述的風貌、自我的再現，和我們對於人際關
係的刻畫。

　　幻想中所謂「男性模式」，在楣（Robert May, 1980）有關投
射想像的性別差異研究中的「傲骨」是由益增的剝奪所導致，並
延續了佛洛依德起先所說的連結破壞造成了分離的經驗，終於一
種無法彌補的失落，隨著一種災難性的沈淪後所獲得的光榮成就
的故事。但女性幻想的模式被楣命名為「關懷／愛」卻是個無
人／法探索的小徑，一個跟隨增長後的剝奪敘事，雖然也由分離
導引，但卻在最終被重建維繫。把生命刻畫成為一個網路而非關

係的繼承，女人把自主／治而不是依附繪成虛妄和危險的追求。就這樣女人的發展指向一個不同的人類依附歷史，強調在形貌中的連續和變異性，貶抑替代和分離詳述了一個對失落的不同反應，也同時改變了成長的隱喻。

米樂（Jean Baker Miller, 1976）列舉了當依附都以支配和順從的常模來看待時所有的問題，宣稱「**女性發展的母體和男性的不同，因此也不適用他們的情況／術語**」（頁86）。她發現在心理學中並沒有說明女人對自我感覺結構的語言，「**組織環繞在能夠製造依附和人際關係並在之後維繫它們**」（頁83）。但她在這種生理結構中看到了潛在的「**更進步的、更親密的生活方式——比現今更為安全的**」，因為自我的感覺並非連在對攻擊性能力的信念，而是體認到連結的必要性上（頁86）。因此在預見了一個更有創造性和合作性生活的前景時，米樂不僅呼籲社會要平等，同時也要求在心理學中可以標舉關愛／懷和連結的描述語言，使它們和不平等與壓迫有所區隔，同時她也看到了這個新的語言是從女人在人際關係的經驗當中長出來的。

在這一語言的匱缺下，阻礙心理學家對女人經驗了解的詮釋性問題，是和無法再現女人的經驗或對此經驗扭曲的問題相互輝映。當相互關聯的網路被人際關係的層級性排序所消融，當網路被說成是危險的陷阱，會阻礙飛行而不是預防／保護掉落，女人開始質疑她們是否被視而不見，和以她們的經驗而言上述的陳述是否有其真實性。這些問題並不是以一種有關社會真實本質和真理抽象性哲學玄思的方式所提出，而是以侵犯女人對自我觀感的

個人懷疑，降低她們以自我認知而採取行動的能力和因此對自己所為負責的意願。這個議題逐漸在成人時期，當思考變成反射性以及當詮釋的問題由此而進入發展之流時，變成女人發展的核心問題。

　　兩位十一歲的孩童在被要求描述她／他們在道德衝突和選擇上的經驗時，從某個角度來說是重述同一個故事，但以相當不同的觀點預告了女性和男性成人期發展之間的差異。兩位孩童描述在學校中的一個情況，在其中必須決定要不要說出來。在傑克的部分，矛盾產生在他決定以規則保護一位因被「不公平」毒打一頓的好友。在和好友一起向校長做了報告之後，他開始猶豫要不要告訴另一位朋友校長說的話，由於這位打人的朋友是在被挑釁的情況下動粗的，若不全盤托出所有的細節會使得他在被評估時遭遇不公平的待遇。

　　在敘述這個矛盾時，傑克專注於在這個例子中該不該違背他自己「言行一致」的原則，也就是不讓校長已經知道的事被任何人知道。此一困境聯繫在／決定於是否他能建構他告知的行動是公平的，是否他針對兩位朋友所做的不同關愛／懷的行動可以被他自己所有的道德信仰標準不起衝突／被解決。如果他的行動能夠符合他正義觀的標準，那麼他就不會覺得「羞恥」並自我稱許該行為，不然他就必須向自己和朋友們承認他犯下了一個錯誤。

　　愛咪的困境則是從她目睹一位朋友拿了屬於另一位朋友的書。將這件事建構為一個攸關忠誠度的問題，在一個人際關係中的反應性議題，她掙扎於是否該冒為了對一位朋友的損失做反

應，而去傷害另一位朋友的風險。她的問題在於以她的情況而言不論說或不說都構成一種反應，因此她該如何採取行動。就如傑克考慮違背自己原則和食言而肥，基於對朋友的忠誠而妥協原則，愛咪則在考慮如何在不背離友情的前提下強調一個她所相信的標準，一種分享和關懷／愛，並能夠保護別人的標準。但在這種標準裡她想到總有一位朋友會在某種程度之內受傷，並且她也專注在情境的母體，以便評估她所採取行動的可能後果。就如傑克徬徨在基於友情的行動會違反他自身的統整性，愛咪也一樣在擔憂若在她要強調自身的信念時是否會傷害到她的好朋友。

在描述思考該怎麼做時，愛咪重建了她自己所相信的聲音的內在對話——一個含括了她人聲音和她自己聲音的對話：

> 沒有人會知道我所看到的，而且也不會有人用這件事來對付我；但當妳坐在那兒開始想的時候，妳會想到將來總有人會知道——妳很確定自己都沒有講，而我的好友在裡頭是真讓我難過的（地方）。「有人看到我的書嗎？在哪兒呢？幫幫我的忙，我下堂課就需要那本書了，拜託，不見了，『哪裡呢？』」我想妳如果了解情況（會同意）說出來是比較好的，妳知道嗎？說出來。」

就像她對別人哭喊求助的知覺顯示不說出來就是不關懷別人，同樣的，在這個脈絡中說出來也不會是洩漏機密／扯淡。但這樣脈絡性模式的分析極容易導致分析轉移，因為在人際關係脈

絡中的變化會把她的關愛／懷行動輕易地變成背叛。

　　從這個角度來說，明白別人可能不知道她看到、聽到和體會到自己的行動可以多麼輕易的被錯誤建構，愛咪猶豫在是否隻字不漏或至少不要說出她曾經告知別人會比較恰當。因此，若男性年輕成人秘密環繞在那無法被公義邏輯所再現的持續性依附定置，那麼女性年輕成人的秘密就歸屬於自己聲音的沈寂，一個被不去傷害她人和同時害怕若發聲則她的聲音不會被聽聞的願望所增強／強化的沈寂。

　　隨著這一靜默無聲帕色風妮神話的形象就回來了，展示了藉由描繪一個保持秘密的地下世界，而此世界是被別人標籤為自私和錯誤的，女性在成人時期自我的銷聲匿跡。當自我的經驗和對道德的理解隨著在成人期時反身性思想的成長改變時，有關認同和道德的問題輻輳在詮釋的議題上。在十一歲女孩有關是否該傾聽自我的問題拓展到成人期時，心理學家在傾聽女人上所遭逢的困難也同時被女人在傾聽自我的挫折上所益加複雜化和深化。這個困難在一位年輕女性訴說她在認同和道德信仰上的難處時分外的明顯——一個集中在她把自我的聲音從她人的聲音中區隔開來的掙扎、尋找一個能夠再現她在人際關係中的經驗，及她對自我感覺的語言危機。

　　克萊爾，一位在**大學生研究**中的參與者，首先在大四時候來，又在二十七歲被訪談。當她在大四被問到會如何對自己描述自己時，她回答：「**困惑**」，談到了她「**應該會說『唉呀，我就是這樣和那樣嘛』**」但並非如此，她發現自己「**比以前認為自己**

是什麼的（現在）更不確定了」。明白別人總以一種特定的方式
來看待她，她也同時發現這些形象是對立和局限的，「有點像是
覺得自己被許多力量推來推去而陷在許多的矛盾中：我應該是個
好母親和好女兒；身為一位大學女性我應該是積極、有能力和職
志取向的」。然而身陷矛盾卻使得她在大四那年便成為覺得在行
動上有局限性，「在被逼得開始得為著自己做決策時」，她就
「漸漸明白所有這些不同的角色總是不完全對勁」。因此她下結
論：

> 我並不必然是我應該是或者被看成是的那種女友，也不
> 必然是人家老以為的那種女兒。妳長大了並發現了人家是以
> 什麼樣方式看妳，那非常辛苦，驀然之間，妳開始想脫離這
> 些並且明瞭其實真的沒有任何其他人能夠做這個決定。

　　身為一位必須決定下一年要做什麼的大四學生，她嘗試區別
她自己認識的自我和她人所認為的她，以自我的目光而非透過她
人眼光的反射：

> 有很長一段時間我是以別人希望看我的眼光在看待我自
> 己。我的意思是說，我的男朋友非常喜歡有個當英國文學教
> 授老婆的想法，我有點像是故意不要這樣去想，說我不要做
> 這個；但我真的覺得或許這樣（做一個英語系教授）是我喜
> 歡的。我開始看這件事裡所有好的部分，因為我是透過他的
> 眼光來看的；然後忽然我明白了，我再也無法這樣。我不能，

妳知道嗎？我不可以這樣而且開始以我自己的想法來看**這件**
事情，然後我了解，這真是很難說清楚，學界的事情真的**不**
見得適合我，即使我在這種情況裡變成一個理想的妻子。因
此很自然的面對什麼才對我是最好的問題，而那是非常困難
的，因為同時我在面對一個我無法長大的感覺／情緒。

因此，當她看待自己的方式變得更為直接，道德的問題也跟
著從什麼是「對」的轉移到什麼「對我最好」。但在面對這個挑
戰時，她立刻就退縮了，因為她遭遇了「**我無法長大**」的感覺。

在她正處於一種抗拒「類屬化或分類化自我」的時候，被訪
員要求自我介紹，她發現「**很難開始界定我所處的一種不能／無**
法界定的過程中」，在過去她的自我會「**努力壓抑自己真正的感**
受」以便不要製造「**反響**」。把自己描述成為「**關愛的**」，她是
處在那個概念所適用的兩個不同的情境裡：一個把她「**看成與眾**
不同的，和別人所界定的我不同的」地下世界和一個使她和自我
分離的連結世界。在嘗試解說她自己所感覺的自我是同時分離和
連結的，她遭逢了一個「術語」的問題，也就是當她想去傳達一
個她和人際關係的新理解時：

> 我想試著告訴妳兩件事。我努力想當自己，與別人有所
> 區隔而且和別人所定義的我不同，然而在同時我卻也在做完
> 全相反的事，試著與或著牽連──不管妳用什麼詞──我不
> 認為這兩者是互斥的。

這樣她連結了一個新的分離意思和關聯的新經驗，一個和別人在一起也能讓她自由自在的方法。致力於追尋一個能夠傳達這個前所未有的連結感覺的形象，但無法自行找出，她抓住了由一位朋友，勞倫斯（D. H. Lawrence）《戀愛中的女人》（*Women in Love*）的一個角色古椿所賦與的。古椿替克萊爾所帶來的形象是讓她覺得「孩子氣／幼稚的」和「原始的」對自然和自我的感官性。這種和世界「感官享樂」的連結代表了她「藝術的和波西米亞的」一面，並且和她自己「淑女似的和有教養的」看法相互輝映。然而儘管古椿的形象喚醒一個迥異的連結形式，對克萊爾來說那個形象終究有著道德上的問題，因為它意味著「不管別人死活」。

　　再次地，克萊爾是身處在並非為別人對立的期望中，而是一種對他人和自我不同的反應矛盾裡。感覺到這些反應「並不是互斥的」，她檢驗了過去將它們分開的那些道德判斷。從前她認為「一個道德的看法」是一個專注在「對她人的責任」；現在她會質疑這個在過去看起來像是真理的「在對別人做正確的事的時候，妳也在對自己做正確的事」。她說「到達了一個點就是明白了除非我能夠了解自己，否則我對別人是一點幫助都沒有的」。

　　在尋找「我是誰」的過程中，她開始去「剷除所有那些並不是我的標籤和事物」去把它的視角從以往的詮釋移開，並且更為直截了當的看別人和看自己。因此她開始發現她母親被她視為是永不休止的「錯處」，因為她「在做的時候並不在乎會不會傷害他自己。她不明瞭——嗯，她其實是知道的，她在傷害自己，她

也傷害和她很親的人」。在被關愛的標準丈量時，她的自我犧牲理想被一個「所有的人都被鼓勵成為一個個體，而在同時每個人都幫助別人，也接受別人幫忙的家庭」視野所取代。

把這個看法帶進漢茲的難題中，克萊爾就像十一歲的愛咪一般指認了同一個道德問題，專注於反應的挫敗而分權利的衝突。克萊爾認為漢茲應該偷藥（「他太太的命比任何東西都重要。他應該竭盡所能地救她」），但她以自己的解釋來面對權利建構的說法。雖然藥商「有權利，我的意思是說他有法律上的權利，我也認為他在道德義務上應該在這件事上表現出他的熱情。我並不認為他有權利拒絕」。在把漢茲行動的必要性和「在此一關鍵時刻，妻子需要他去做（偷藥），她自己做不到，而他得自己決定要不要為她的需要採取行動」的事實連在一起，克萊爾申論了愛咪在分析時所同樣使用的責任（義務）概念。她們兩位都把責任等同於從體認到別人在倚賴妳，而妳就剛好在可以幫忙的位置上反應的必要性。

漢茲愛不愛他的妻子對克萊爾的決定是無關緊要的，並非因為生命優位於情感，而是他的妻子是「一個需要幫助的人」。因此在行動道德上的必要性乃生於他對於她需求的了解，而非他對她的情緒／感情，一個並不是被認同而是由一個溝通過程所中介的知覺。正如克萊爾覺得藥商得為自己的拒絕負擔道德／義上的責任，她也把道德性和聯繫的知覺／認識結在一起，把一位道德人界定成是一個採取「認真的考慮對所有相關的人的後果」行動的人。因此她批評自己的母親「忽略了她對自己的責任」，同時

她也批評自己忽略了對別人的責任。

　　儘管克萊爾對漢茲難題的判斷大部分無法符合寇薄量表中的類屬，但她對於法律的理解和以一種系統性的方式去分析它功能的能力，卻也使得她得到了一個第四階段道德成熟度的分數。五年之後當她二十七歲再度被訪談時，她所得的分數被質疑，因為她把法律歸諸到激勵她思考藥商、漢茲、妻子時責任／義務考量的重要性之下。現在以法律究竟在保障誰為主要的考量時，她把關懷／愛倫理擴展到一個更寬廣的社會連結視野。但此一視野和先前正義概念的落差，使得她在寇薄量表上的分數退化／降低。

　　當克萊爾的道德判斷（分數）顯得好像退化的時候，她的道德危機就解決／除了。她有修寇薄的課，她懷疑她自己所察覺的成長並不在他的觀念中成立。因此當她收到一封詢問她是否願意再度接受訪談的信時，她想：

　　　　天哪！要是我退化了怎麼辦。看起來好像在生命中的某個階段我可以有很強的確定性來回答這些道德難題：「**是呀，這一定是對的，那絕對是錯的**」。但現在自我卻陷入愈來愈深的悲慘的不確定中。現在我不確定那是好或是壞，但我覺得以那種意義而言曾經是有個方向的。

　　以她自己在道德選擇性上所遭遇的複雜經驗和一個絕對標準的道德判斷相對照，她介紹了一個方向的概念／問題，她自身發展的詮釋。

有關詮釋的問題，從頭到尾的出現在訪談她的文本當中，當她在二十七歲被訪談時，已經結婚並剛要開始醫學院的求學生涯，她回想到感覺危機時的經驗，和她生命及思想中所遭逢的變化。在談到現在時她說「一切都就緒了」但又立刻修正了自己的句子「那聽起來像是有人把它放在一起，其實不是」。然而詮釋的問題是集中在描述連結的模式。連結的本身在克萊爾的自述中是清晰可辨的，她說「聽起來怪怪的」在當她把自己描述成「隨著所有症狀懷著孕」。把自己看成「是個醫生、是個母親」她說「對我來說只想自己而不想周遭和我相關的人是相當困難的」。就像愛咪，克萊爾把她自我的經驗與關懷／愛和連結的活動合而為一。自身參與她母親的形象，她把自己看成是位懷孕的醫生，就像是愛咪在把自己準備成為一位照顧世界的科學家一般。

　　在描述對一個延展了幾年危機的解決方案時，她回溯了自己的步驟，以便解釋自己是如何發現「在所有事情下面的方向」。危機是始自她大二那年：

　　　　我曾經有整整一週沒有離開過床鋪，因為沒有理由。我就是沒有辦法讓自己起床。我不知道起床之後要幹嘛，但在大二那年，多數時候就是那樣子。我不知道自己在幹什麼，不知道做任何事是為了什麼。所有的事看起來都是支離破碎／互不相干的。

　　把自己的沮喪和失去連結的感覺／情緒併在一起，她努力尋找能夠符合這段經驗的文字形象：

那並不是說有個轉捩點，就是如果我起床了，一切就好了，不是那個樣子。它並非偉大的主顯靈或諸如此類的。它就從心裡發出來，雖然在那個時候並不像是個強而有力的經驗。並不是有什麼事發生在我身上。不。現在看來那是個強烈的經驗並且是很真實的。

　　在將她自身的經驗與既有危機和變遷的隱喻作比較的時候，她斷言什麼也沒有發生的事不真實或沒什麼力道。她並沒有掉到谷底或經驗什麼重要日子或感受到了「*絕頂的沮喪／絕望*」：

　　　　我沒有躺在床上想著我的生命是完全無用的。不是那個樣子，也不是深沈的不快樂，那只是空幻／虛無。或許那是絕頂的失望，但那時妳不是那樣感覺的。我想這事之所以突出是因為那是如此的讓人沒有感覺。另外一件事是我對一位放棄家庭的（親戚）極端的厭惡和憎恨。我的意思是這真是（兩個）極端，因為那（憎恨）是如此的強烈。

　　在發現同時有缺乏感覺／情緒和憎惡無法和別人連結，她把沮喪的經驗解釋成是失聯的感覺，至少部分是從家庭關係中的挫敗所產生的。

　　與她／她人失連的情緒／感覺致使克萊爾掙扎著以「*有價值／意義的*」看待自己。是值得自己關愛的以因之證成代表自身採取行動。在當她描述冒險去作自己想做事的過程時，她指出在此過程中她對道德觀念的轉變。她曾經把一個好人界定成「*為別*

人做盡好事的人」，現在她把道德與從人際關係中的經驗性的理解相連，因此她認為「去體驗別人所經歷的能力」是道德反應的先決條件。

　　現在對漢茲難題不耐煩，她明白地把這個困境架構成妻子的生命和藥商貪婪的對比，把藥商對利潤的專注／強調看成是理解和反應上的失能／挫敗。生命比金錢更有價值，因為「每個人都有活下去的權利」。但她接著又轉移了她的視角說「我不確定會不會用這種方式說」。在她轉變說法時，她把權利的層級以人際關係的網路所替代。經由這一替換，她挑戰了奠基在權利觀點之下的分離前提，並樹立／剖析了一個「連結的導引性原則」。把人際關係看成基本／重要而非由分離延伸所得，顧慮到人們生活中的相互依賴性，她看到了「事情是什麼」和「事情該怎麼辦」作為一個「人人在其中而妳也由其中所生」相互連結的網絡。在反對這種概念的社會事實中，站立著根本對立的藥商的說詞／宣稱。把生命看成是依賴於連結，是由關懷／愛的行動所維繫，是接於依附的扭帶而非一個協議的合約，她認為漢茲應該偷藥，不論他是否愛妻子，「就憑她／他們都在那兒」。雖然某人可能不喜歡另一個人，「妳必須愛別人，因為妳和他們無法分割。從某個角度來說就像妳愛左手一樣；那是妳的一部分。別人是那個巨大所有其他人中的一個部分」。因此她分析了一個是從相互連結的意識中所生的責任／義務的倫理：「陌生人也還是屬於那群體中的一份子，就以妳是另一個人的事實說明了妳自己也連結在（那個群體）其中」。

　　克萊爾把道德描述成「在一個大體之中的部分和似一個自給自足實體之間持續的張力／緊張」，而她也把能和那個緊張共處／存是一個人道德特性和能力的來源。這個緊張位處在她所曾經面對的道德困境的核心，在其中相關於屬於真理議題的責任／義務和對於人際關係的體認之間的衝突。真理的問題變成非常清楚，在當她大學畢業後在一間墮胎診所當諮商員時，有人告訴她，如果有女人想看看從她子宮中被拿出來的東西時，她該被告之「妳沒辦法看見什麼的，現在那只像是一團果凍／醬」。這個描述和克萊爾在診所中工作時所遭遇的道德震撼有所牴觸，因此她決定她「必須面對真實的情形」。她決定看一看晚期墮胎時胎兒的樣子，在看了之後她明白了：

　　　　我再也無法欺瞞自己說子宮中沒什麼，並且只有一些小細片／斑點。這不是真的，而且我知道它不是，但我好像就是得看看它。然而我同時知道是怎麼回事。我也相信那是對的；那是該發生的。但我不能說「啊，這是對的，那是錯的」，因此我經常處在撕裂的痛楚當中。

　　當她以眼睛衡量世界，並且倚賴她的感官知覺以界定周遭所發生的和什麼是事實時，道德判斷的絕對性就融化了。結果是使她「經常處於撕裂的痛楚」和在墮胎的議題中悲傷的不確定，但她還是能夠以一種更具反應性的方式（採取）行動：

我非常強烈的掙扎（衝突）。最後我只得和自己協商／妥協——我真的相信這個，但那不是件妳可以毫無感情談論或甚至不懊悔的簡單事情——是的，生命是神聖的，但生命／活的品質也很重要，而這必須是在此特定事件中決定性的考慮因素。母親生命／活的品質，未出生孩子生命的品質——我看了太多諸如嬰兒被棄置在垃圾桶之中的照片，而人們也很容易說，「唉呀，成／不成，就這樣」而我卻只能說「是的，這是殺戮，沒什麼好掩飾的，但我願意接受，但我願意面對這種情形，那其實是非常艱苦的」。我不認為我能解釋得很好。我認為我真的無法以口語證成這樣一個決定。

　　克萊爾無法架構她的道德位置部分是由於那是個受限於時空脈絡性的判斷，永遠輻輳在「那個母親」和那個「未出生的孩子」，因此無法符合一個類屬性的程式。對她而言，想像的可能性遠多於通則化的能力。但這種無法言喻／解釋她在墮胎諮商的參與，一種能反應她道德思想不足的無能也或許可以反映世上沒有方法能使她試圖傳達的立場可信性，一種既非擁護生命也非贊成選擇權，但植基於母親和孩子生命之間持續性連結體認的立場。

　　因此克萊爾是以一個人際關係的問題而不是以一個權利的競逐來設定此一困境，聚焦在一個最終必須被面對的責任／義務的問題。若依附無法被維繫，墮胎可能是個較佳的解決方案，但不論如何，道德都仰賴於連結性的體認，為墮胎的決定者或者照顧小孩的決定負責。雖然有時候「殺戮是必須的，但那不能被弄得輕而易舉」就如「若它和妳分離了。如果胎兒只是果凍／醬，那

就是和妳分離了。那麼東南亞離妳更遠」。因此道德和生命的保存是幅輳在維繫連結藉由保持人際關係網絡無礙以確定行動的結果,「**不要沒有負責任的就讓別人代替妳從事殺戮**」。絕對的道德判斷再次地讓位給人際關係的複雜性。生命是由聯繫所維持的事實,致使她確認生命的「**神聖連帶**」而非「**不計一切代價地維繫生命的神聖性**」,並且在保持理解權利的前提下架構一個責任/義務的倫理。

真理的問題也在當一位朋友要求克萊爾替他寫一個同儕推薦信以申請一份工作的時刻出現/升起,也製造了一個類似愛咪所描述的難題。當愛咪猶豫在「**保持友情或抱持正義**」時最後問題變成對別人做反應和因此使自己平和,誠實的問題是克萊爾從一開始就極為關注的:「**我如何能夠保持誠實又同時對她公平**」?但正義/公平的議題就是個責任/義務的議題,是從她體認了交友的行動會啟動/設定一個期望的鎖鏈,致使她的朋友相信她可以依靠克萊爾的幫助。明白自己並不「**真正的喜歡她**」以及彼此的價值觀「**相當地不同**」,克萊爾也體認人際關係的真實以及又要誠實又要公平的不可能性。該怎麼辦的問題全視對於她行動所可能造成傷害的判斷,對於這位朋友,以及若她得到工作後她所會影響到的人。在這樣的情形下,決定寫信是一個較好的解法,她明白了可以藉由「**從第一天/一開始起就比較誠實的去對待她**」來避免這一個問題。

最後克萊爾對於誠實的問題轉向「**正確先生**」和「**錯誤先生**」的劇碼,那是個包含了許多有關藉由個人化道德真理的問

題，而不是客體化人際關係議題的人際關係、責任和詮釋等多重
議題的戲劇。就如在侯納故事中的安一般，正確先生是醫學院中
同班同學中的翹楚，並且「恨不得一天二十四小時都讀書，以保
持名列前茅的地位」。結果他只有在週六回家睡自己的床，讓克
萊爾孤單一人並覺得自己是被放棄、「自私」和「錯誤」的：

> 我要更多也錯了嗎？明顯的是有地方不對勁。我是個自
> 私絕頂的人，而且我也從來沒有真正面對在這種人際關係中
> 一個明顯的錯誤。

基於這一段經驗，他開始懷疑正確先生並不「真正適合我」。
但又不願意分手／終止關係，她卻轉向了錯誤先生：

> 到了大四，整個事情就爆發了，但那並不是我說「我再
> 也不想忍受這些了，我要替自己想想」，我對他有著許多的
> 不快，並且背著他和另外一個男生交往，然後我讓他知道。
> 不但讓他知道，而且還去找他，涕淚縱橫的向他坦承，那個
> 動作讓我暢快到了極點，但那完全像是我下意識想好要去傷
> 害他。

克萊爾最先是以一種判斷和行動之間的差距來描述這個衝突
或困境的，因為她有「一個嚴格到讓人發笑的一夫一妻制的情緒／
感覺」，但她接著有補上了其實真正的衝突是她自己所有的兩個
面貌，「一種純淨的處女情懷，和另一邊的開始要情慾綻／怒放

的我」。問題出現是因為她「在那一刻無法決定我該怎麼做」。
卡在自己的兩個面貌之間，她也被困在兩種人際關係的世界裡：

> 我不願意放棄第一段感情，因為那代表了太多的事情／
> 意義。對所有人而言，他是個好好先生，但我知道完全不是
> 那回事。至於另外一個人呢，對照來看，很明顯的就是不適
> 合我，有點像是代表我當時身體中動物本能的那些部分，而
> 我也不想放棄那個部分。

當她開始面對知覺中不同自我之間的差距時，她也同時「看
到由別人所強加在我身上的道德標準不見得適合我／能用在我身
上」。因此就如正確先生變得不見得正確，而錯誤先生好像也沒
什麼錯。

專注在那些披露在她身體之中無法解決矛盾的行動，她說
「在那衝突中有關的兩個人是我自己和我自己」。當她開始探索
內在的分歧，她也察覺了人際關係的世界，指認出她不願意在維
持一個傷害的惡性循環而「為我的行動負責」：

> 這是整個人際關係問題中的一小部分，我不想為自己的
> 部分負責。我想像設計去狠狠的傷害他，就像他曾經狠狠的
> 傷害我一般，就像我自己從來沒有負責去阻止他傷害我一樣。
> 我從來沒說「這個週六你得留下來，否則我們就算玩完了」。
> 只有在兩、三年之後，我才明白那是怎麼回事。

在回顧正確先生和錯誤先生的困局時，克萊爾不僅把問題定置在她沒有適度的強調自己的重要性，同時也歸諸「**我不明白當時我應該強調自己**」。但強調自己的行動並不是一個攻擊，而是一個溝通的行為。藉由告訴正確先生有關自己的實情／真相，她不但可以預防攻擊的行為，同時也可以提供一個反應的機會。當在十一歲說話清晰的**我**，就像到了前成人期時困惑／混淆一般，那個困惑的解決方式也唯有透過對自我和她人反應，及連結而非對立的過程才會有可能發生／出現。

在描述她欽佩的人——譬如說她的母親是「**對她這麼慷慨**」、她的先生「**執著於自己的信念**」——克萊爾看見他自己統整性的生活／生命是環繞在關愛活動上。這個視野是由一位女醫師在醫院中看到一位孤獨的老婦人「**會出去幫他買一罐漂浮沙士冰淇淋，並坐在她的床邊只為了讓她覺得身邊有個人陪伴**」的行動所凸顯。關懷／愛的理想因此是個人際關係的活動，看到別人有需要而做反應，不讓任何人孤立無援並由維繫連結的網路以照顧世界。

當心理學理論讓心理學家對於女人經驗的真理視而不見／盲目的時候，上述經驗凸顯了一個心理學家覺得很難去追尋，極少有暴力和人際關係看起來是安全可靠的世界。女人經驗不易被描述或甚至很難被感知的原因是，人際關係形象的轉換會產生詮釋上的問題。從男人和女人憧憬的思想文本中所導引出來的層級，和網路形象傳達了不同建構人際關係的方式，並且和道德與自我的差異視野相關連。在這些形象製造了理解上的問題，因為每個

都阻礙／干擾了對方的再現。當層級的頂峰成為網路的邊緣和當連結網路的中心變成一個層級式進展的中期／段時，每個形象就標示了一個對方認為安全的危險區域。因此層級和網路的形象提供／激勵了不同強調和反應的模式：希望出類拔萃的慾望和與他人太靠近而延伸出的畏懼；期許在連結的中心和由之所生的畏懼及邊緣距離的太遠。這些對於離落和被牽扯畏懼的差異產生了對成就和依附的迥異描述，導致了不同模式的行動和對於選擇結果的不同評估方式。

　　以她們自己人際關係形象的語言所做女人經驗的重新／再詮釋，澄清了該經驗，並提供一個人類連結的非層級性視野。因為當關係被以層級的形象看待時，顯得在本質上是不穩定且有道德上的問題，它們在被導入網路形象時就從不平等的階序變成為一個互相連結的結構。但是層級和網路形象的力量，它們所引發的情緒／感覺以及它們在思潮中的一再出現標示了這兩種形象在人類生命週流中的鑲嵌性。不平等和相互連結的經驗根植在親孩關係中，它們產生正義和關愛／懷的倫理，理想的人類關係──自我和他／她人會被視為有同等價值對待觀點，儘管有權利上的差異，事務是公平的；每個人都被含括在內且會被反應的看法，沒有一個人被排除在外或者被傷害。這些差距視野之間的緊張反應了人類經驗中的矛盾真理──唯有在我們生活在和別人的連結當中，我們才知道自己是分離的，以及唯有我們將別人從自我之中分化出去，我們才能夠真正的經驗／感覺人際關係。

第三章

自我和道德的概念

有一位大學女生在被問到「如果要妳說道德對妳而言有什麼意思，妳會怎麼說？」時回答道：「在我想到道德這個字的時候，我想到責任／義務。我通常會把它想成是在個人欲求和社會事務、社會考量之間的衝突，或者是妳個人的需要與另外一個人的需要或者人們的需要的對立。道德是妳如何決定（解決）這些衝突的整個領域。一位道德人是個在許多時候與他人平起平坐的人。一位真正有道德感的人總是會平等的對待另一個人……在一個社會互動的情境裡，若有一個人把別人弄得雞犬不寧，那麼這就是道德上錯誤。若每個人都變成更好，那就是道德上正確了。」

但當問到她是否能想到一個真正道德的人時，她回答：「嗯，我現在能想到的是史懷哲（Albert Schweitzer），因為他很明顯的助人到犧牲自己性命的地步」。義務和犧牲超越了平等的理想，在她的思想中設定了一個基礎的矛盾。

另一位大學部的學生對「當我們說一件事在道德上正確或錯誤時是什麼意思？」的問題所回答也是先提到責任和義務：

> 那和責任、義務和價值有關，主要是價值……在我的生活情境裡，我將道德和與她人與我之間相關的人際關係做連結（和她人有關？）因為他／她們有可能在意識、知覺或者情緒／感覺上被傷害。

對於傷害她／他人的顧慮持續地存在於兩位女學生在對「為何要道德？」做回答的反應主（議）題中：

千萬人必須和平共存。我不會想去傷害別人。對我而言，那是個真正的、重要的標準。它就是正義感的基石。造成別人痛苦是不好的。我同情所有身處在痛苦之中的人。在我私人的道德觀中不去傷害別人是非常要緊的。多年前我會病態的為了不要傷害我的男朋友而跳出窗外。但是直到今天我還是期望（要）讚許和愛，而且我不想樹（立）敵（人）。或許這就是為何人們需要道德吧——因為有了它，人們就可得到讚許、愛和友情。

我的主要原則是只要不違背自己的良知而且對自己誠實，那麼就不要去傷害別人……有許多道德議題，諸如墮胎、徵兵、殺戮、偷竊和一夫一妻。如果有像這些引起爭議（正反併陳）的事，我總認為那得由個人決定，那個人必須憑良心決定。並沒有絕對的道德。法律是實用性的工具，但它們並非絕對。一個存在（運行中）的社會不能老是創造例外，但我個人會……我很怕我和男友會碰上一個大的危機，而有人會受傷，而且他會傷的比我還重。我覺得我有義務不去傷害他，但我也有責任不說謊（要誠實）。我不知道是否能不說謊又不去傷害別人。

貫穿在這些陳述中的共同語調是不去傷害別人的願望和道德，可以是一種解決衝突的方法並使別人不會受傷。這個主題是由四位受訪的女性各自以不同方式針對概括性問題所提出最特殊的反應項目。有道德的人是一位助人的人；善是服務，承擔對自己和她／他人的責任，並盡可能的不要犧牲自己。第一位女性在

結論中否認了她在一開始所提到的衝突，第四位則預期到了在保持對自己真誠和遵守不傷人原則之間的衝突。可以測試這一判斷局／極限的矛盾將是當助人被視為是將以傷害自身做為代價的時候。

願意在爭議上採取立場以及開例願意時，也一再地在其他大學女生的回應中出現和反映：

> 我從不認為我可以譴責任何人。我有個非常相對的立場。我所崇尚的基本（重要）概念是人命的神聖性。我習慣不讓自己的信念影響她／他人。

> 我從來不認為我對道德問題上的信念是其他任何人所應當接受的。我從來就不相信極端。如果在道德決定上有絕對／極端，那就是人命。

一位三十一歲的研究生在解釋若要偷竊藥物以挽救自己的生命，對她而言也是很困難的，儘管她認為若是為了救人則這個偷竊行為是對的時候說：「為自己違反規則而辯駁是很困難的。我的意思是我們藉由共識而生活，如果妳只是為了自己而去採取行動，那就沒有共識了，相對來說，這立場在社會中站不住腳」。

在這些聲音中所浮現的是阻絕這些女人採取一個立場的脆弱感，艾略特（George Eliot）所認為的女孩對於別人所下不利判斷的懷疑性，是從她的無法掌有權力所促成的一個「在世上成就某

事」的失能（頁 365）。這種由寇薄和克拉瑪（1969）及寇薄與吉利根（1971）所提出，認同與信仰連結的成人前期危機不願意下道德判斷，在男人方面是以質疑道德概念本身的形勢所展現。但是這些女人對判斷猶豫不決則是由她們從事道德陳述權力的不確定性，或者做這種判斷所意味的代價而產生的。

當女人覺得自己在社會中的直接參與被排除時，她們看到自己成為一個由男人決定、維繫和貫徹／實施共識和判斷的實體，而且她們所賴的保護、支持即為人所知的命名，也都靠男人。一位居住在高雅的大學社區，有著成年女兒的中年離婚婦女，訴說了她的故事：

> 身為一個女人，我從不知道我自己是個人，我可以做決定並且有做決定的權利。我一直認為那好像是屬於我父親和我先生的，或者總是由男性神職人員所代表的教會。那是我生命中的三個人：父親、丈夫和牧師，他們大體上決定了什麼是我能做和不能做的事。他們真的是我所接受的權威性人物。我只有在最近才想到／發現我從沒有反抗他們，而我的女兒卻非常清楚的意識到這點，並非是一種敵意化的感覺，而是一種理解／體認的意思……我還是讓事情發生在我身上，而不是主動去促成它們然後做決策，儘管我很清楚選擇權。我知道所有關於程序和步驟的事。（妳怎麼知道這個可能是真的？）嗯，我覺得從某個角度來講，那樣責任的成分比較少。因為若做了一個愚蠢的決定，妳可必須承擔後果。如果發生在妳身上了，哎呀，妳可以抱怨。我認為如果妳是從來

不覺得有選擇權的長大，那麼妳就不覺得自己有情緒／感上
的責任。選擇的感覺是和責任的感覺一起來的。

　　道德決策的精髓就是行使選擇權，並且願意為選擇承擔後
果。就以女人認為自己沒有選擇權的意義來講，她們也就隨之免
除了自己在決策上所導致的責任／義務。她們依賴童稚般的脆弱
性以及隨之而來的（拋／放棄）畏懼，使她們宣稱自己只希望被
討好，而對於自己的良善，她們期望自己被關愛和照顧。這就是
個一直有風險的**利他主義**，因為它預設了一個時時刻刻必須考慮
妥協因而危害純真，使之總在面臨放棄原則折衷的危險情境中。
在被要求自我介紹時，一位大四的學生做了如下的反應：

　　　　我聽過洋蔥皮理論。我把自己看成是一個有很多層的洋
　　蔥，最外層的是表現在我認識但不熟的人，像是泛泛之交，
　　或是只知道名字或社交場合遇到的人；當往裡面探索時，我
　　就對比較知心的人展現出更多不同的面向。我不確定最裡面
　　的部分，是否有個核心或者就是從小到大所接受的各種影響。
　　我覺得我對自己有個自然的態度，但我也用善—惡的方式做
　　思考。善——我試著對她／他人用體貼和同理心的方式，我
　　努力在各種情境中保持寬容和追求公平。我知道那些好的字
　　眼，但我試著靈活的運用它們。不良——我不確定它們是否
　　為惡，是否利她／他或者只是為了討好別人而人云亦云。（**那
　　哪些是呢？**）我所試著做出來的價值觀。那大多是人際關係
　　的事情……若我是為了別人的讚許／認可而做事，那會很麻

煩。如果沒有得到恰當的回／反應，那我的價值觀可能就垮
掉了。

易卜生（Ibsen）的劇本《娃娃屋》（*A Doll's House*），就是
在描述一個藉由質疑善良做為核心概念的道德難題出現／湧出所
造成的爆發性世界。**松鼠太太諾拉**（Nora）像與父親生活般的和
先生住在一起，把犧牲當成美德的概念付諸實踐，同時在懷有好
意的情況下，自己成為法律的執行者／執法者。對她而言由此所
產生的危機，最痛心疾首的是接受並從她犧牲中得益的人竟然否
定了她的價值觀，致使她推翻了先前所看到的自殺做為極致展現
的想法，並且選擇有關於認同和道德信念中更堅實、更不同的答
案。

選擇性的存在以及由它所伴生的責任，現在侵入了女人生命
中最私密的部分，並隨時威脅著引爆相同的危機。幾百年來，女
人的性取向使她們被動、消極處於接受而非主動給與，而在受孕
和生產中，唯有她們自己在情慾上的需求不是被否認，就是被犧
牲的抽離下才能得到控制。這個犧牲所造成在智力上的損傷也在
佛洛依德（1908）把「**無庸置疑的許多女人在智力的次等性與情
慾壓抑與思考禁制**」（頁 199）做連結時被觀察到。女人在性關
係、政治上所採行的抽／撤離和否認策略，看起來和她們在道德
領域中對判斷的逃離和撤除相當一致。大學生即使在人命關天的
事上也搖擺著不敢表達自己的信念，就像猶豫在宣稱自己情慾／
性偏好一般，點出了一個缺乏力量的不確定自我，不願意面對選

擇和避免敵對。

因此女人通常在傳統上不評斷男人，雖然她們也往往保持一個和那判斷不同的知覺。麥姬‧杜利弗（Maggie Tulliver）在《棉上之屋》（*The Mill on the Floss*）中針對她發掘與威克罕（Phillip Wakeham）持續的秘密關係指控以讓步於她兄弟道德判斷的反應，然而同時也強調一個她抗議自身優越性的不同標準：

> 我不想為自己辯駁⋯⋯我持續不斷地知道我錯了。但有時候我做錯是因為我若是你，你會比較好。如果是**你**錯了，你會錯得不可開交，我該對你受的苦表達歉意；我不希望你遭受這樣的懲罰。

麥姬的抗議是對長久以來有關兩性差異、常識和刻板印象基底概念的思考與感覺，正義與慈悲二分的強而有力宣示。但從另一個角度來看，她的抗議顯示了一個敵對的片刻取代了先前的逃離／逸。這個敵對流露出兩種判斷的模式，兩種不同道德領域建構的方式──一種尋常和男性氣概及社會權力連結的公共世界，以及另一種攸關私密的家庭內互動的女性氣質。這兩個不同觀點／視野的發展性排序是男性的要比女性的更充足（完整），因此當個人在邁向成熟時，前者就取代了後者。但這兩種模式的折衷／協商／妥協卻不是很清楚。

漢（Norma Haan, 1975）有關大學生以及侯思汀（Constance Holstein, 1976）針對成人前期個人及雙親的三年期研究顯示，女

人的道德判斷若在和同理與熱情連結，並且是關於真實而非假設性難題的解決時是與男性（的道德判斷）有最大的差距。然而，只要發展評估的類屬是從有關男人的研究中所導引出來，偏離男性標準的情形就被當成了一個發展上的不足，其結果使女人的思考往往被歸類為孩童式。替代／另類標準的缺失，那種可以恰當含括女人發展經驗的框架不僅指出了由男人以及研究樣本中男性佔絕大多數所構成的人格發展理論限制，同時也顯示了性別差異中的大多數女人，在公眾場所中無法以她們自己的聲音發聲，主要基於缺乏權力以及性別關係中的政治所強加在她們身上的桎梏。

為了超越「女人的思考有多少像男人，她們在抽象思考以及對於社會真實的假設性建構上有多少能力」的問題，確認並界定能夠包含女性思考類屬的發展標準是非常必／重要的。漢指出，我們必須長久以來從女人道德關懷核心中「頻繁人際關係的、同理的、互為主體關懷的，及日常生活中的道德難題」（頁34）的解決方案中導引出這些標準。但是從女人道德論域的話語中導引出發展的標準，就必須先檢視女人是否在道德領域上是用一個與男性不同的語言來建構，而這個語言也在發展的定義中具有（和男性語言）一樣的價值和可信度。這個也同樣要求找到女人可以有權力選擇，並且以她們自己的語言發聲的場所／位置。

當避孕和墮胎提供女人掌控她們生育能力的有效方法時，選擇的難題進入了女人生活中最中心的位置。然後在傳統上，界定女人身分和架構她們道德判斷關係，也不再是不可避免地從她們的生育能力流洩而出，反而變成為她們可以控制的決定。從一個

將她們綁在保守和消極的性取向中釋放出來，女人可以和佛洛依德一起質疑她們究竟要什麼，並且強調她們自己對此一問題的答覆。然而儘管社會在公眾的場合中肯定女人為自己所做的選擇（權），但卻和她在私領域中的女性氣質起了衝突，特別是將善良等同於自我犧牲的道德觀。雖然在判斷和行動上的主體性被視為是成人時期最主要的表記，但女人卻是在關懷和照顧別人上被社會和自我評估的。

　　自我和她／他人之間的矛盾也因而變成女人最根本的道德問題，它設定了一個必須把解決方案定位在調和女性氣質和成人特色間的難題／衝突／矛盾上。在此方案付之闕如的情況下，道德問題是無法被解決的。**好女人**將主體性掩蓋／隱藏，藉由滿足別人的需要而規避／拒絕責任，而**壞女人**則將自己以自我欺瞞和背叛的情緒消融在此一綑綁她的（社會）要求中。正是這樣一個矛盾──熱情與自治（主）、美德和權力之間的衝突──使得女性的聲音掙扎在努力地再宣稱自我，並試圖以不傷害任何人的方式解決這一個道德上的難題。

　　當女人在考慮是否要墮胎時，她是在作一個既影響自己又和她／他人息息相關的決策，同時她也是直接在面對傷害此一重要的道德議題。終極而言那是必須由她自己擔負責任的選擇，也因此引發了那些對女人而言最不容易處理的判斷問題。現在她被詢問是否要打斷那個長久以來把她沈浸在依賴的消極性生命之流，而同時又被（社會）強加了關懷／愛的責任／義務。因此墮胎的決策直搗女性的核心，是迪迪昂（Joan Didion, 1972）所謂的「**無**

解難題的差異中──一種在最深層水底的生存感覺，那種和血和生和死骨肉暗暗相連的感覺」（頁14），那是責任和選擇的成人問題。

女人怎麼處理這種選擇是*墮胎決定研究*中的主題，這個研究的設計著眼於釐清女人建構和解決墮胎決定的思考方式。有二十九位年齡從十五到三十三歲，且在種族身分和社經地位上異質的婦女被懷孕及墮胎諮商中心引介給研究者。這些女人各自以不同的原因參與了這個研究──有些是想對自己猶豫和掙扎的決定作些澄清和更深入的理解、有人是回應諮商中心的人對她們重複墮胎關懷的反應，也有些女人是想對學術研究作一點（個人的）貢獻。雖然這一些女人都是在相當不同的生活（命）情境中受孕。但也可看到一些共通（同）性。由於在生育能力上被否認或者不予肯定，因此年輕成人往往不使用避孕措施。有些女人因為在並未預期避孕的情形下性交而導致懷孕。有些懷孕發生在女人想要終止一段感情（關係）時、有些則是多角關係的展現、也有些懷孕是女人想要把對方所做的承諾作一個終極的測試。對這些女人來說，懷孕顯得像是個真理的測驗，把嬰兒當作一個尋求男性支持和保護的盟友，或者若是失敗的話，男性拒斥的同伴受害者。最後，也有女人是因為避孕失敗或者後來變卦的共同決定。參與研究的二十九位女性有四位決定把孩子生下來；二位流產；二十一位選擇墮胎；還有二位在訪談時無法作決定，之後失去聯絡。

這些女性各被訪談兩次，先在確認懷孕的第一期，當她們做決定時，然後在第二年的年底。引介的程序規定孕婦在聯絡診

所、諮商人員以及在墮胎實施的日期之間必須要有間隔。這個因素再加上許多諮商人員把參與這個研究當成是一個非常有效的危機處理，我們相信在本研究中的受訪者是比一般相同情況的女人在墮胎決策上有更大的衝突。因為這個研究專注在判斷和行動之間的關係而非墮胎議題本身，我們就不是在尋找一個女人思考、尋找或要墮胎的代表性樣本。因此這個研究的發現就不是一般女人在思索墮胎此一現象上的某些想法，而是女人在思考解決她們生活／命中難題時的不同方式。

在訪談的前半部分，受訪者被問到有關她們所面臨的情境，如何處置、所思考解決（替代性）方案，對每個選項的贊成和反對理由，有那些人涉入其中，所產生的衝突，以及在決策完成之後對她們自我概念核對她／他人關係上的衝擊。至於在後半部分的訪談，參與的女人們則被要求解決三個假設性的道德難題，其中包括了寇薄研究中所使用的漢茲難題。

在拓展皮亞傑對兒童道德判斷理解描述到成人前期和成人初期的道德判斷上，寇薄（1976）區分出三種有關道德衝突和選擇的看法。將成人前期的道德發展和當時風行的反身性思考連結，寇薄把這三種有關道德的觀點稱為前傳統的、傳統的和後傳統的，以反應（映）從個人到社會到寰宇（普遍性）的通則在道德理解上的擴充／增加。在這樣一個架構中傳統道德，總是又被當成／等同正確、善良和既有規範和價值維繫的起點。在前傳統的道德判斷，意味著建構一個共享或社會觀點上的失能，後傳統判斷則超越這樣的視野。前傳統的判斷是個人中心的並從個人需求

導引其建構；傳統判斷則植基於那些維繫關係、群體、社區和社會的規範與價值；而後傳統判斷則對社會價值採取一個反射（身）性的立場，並且依據在適（使）用上具普遍性方式的建構道德原則。

這個益發朝向分化的、完全的，和反身性觀點上的移轉思考模式，也在女人對於真實和假設性難題上的反應中顯示出來。但正如形塑女性道德判斷的慣例不同於男性，女人對於道德領域的定義也和從針對男人所完成的研究發現有差異。女人把道德問題建構成在人際關係中的關懷和責任的問題，而不是把她們的道德思想和道德發展連結，以反映在她們理解責任和人際關係上的權利與規則上的變化，就如同視道德為正義觀念把道德發展與平等和相互性的邏輯相連一般。因此立於關愛倫理基底的邏輯是一個人際關係的心理學邏輯，正可以和激發正義路徑的公平正（形）式邏輯做一個對照。

女人在墮胎難題上的建構特別顯露了一個道德發展上階序性的特殊道德語言。這是一個（有關）自私和責任的語言，它把道德問題界定成為一個行使關懷義務並避免傷害的事件。傷害的產生被認為自私和不道德以及由它所反射出來的漠不關心，而關愛的展現則被看成是道德責任的承擔。在談論道德衝突和選擇時，女人在自私和負責這兩個字眼上的重複使用，賦與語言在道德取向中所反映的，使得女人和寇薄研究中的男人發現截然不同道德發展的迥異理解。

由**墮胎決定研究**所顯示的三種道德看法意味著關懷／愛倫理

中的人格發展順序。這些不同的關懷視野和它們之間的緊張是從女人使用不同道德語言方式的分析中所茁生出的——像是**應該、必須、正確、好、壞**等字眼同時也從她們評斷和回顧自己的思考中顯示變化和移轉。起初照顧自己以便活存下來的序列，被一個原先視為自私的轉換期所追隨。這個自我批判表示了一個對於自我和她／他人連結且由責任概念所彰顯的新理解。這個責任觀念的擴充和延伸以及它擴散後與母職（性）道德的融合，以尋求對不對等和依賴者的關注形成了第二個看法的特質。此時，善良是和照顧他／她人等同的。然而，當唯有她／他人才能是女人關注的合法接受者，而女人自身則被排除而產生了人際關係上的問題，它所形成的失衡就會引發第二次的轉換。在傳統意義上將從眾與關懷的等同，和她／他人與自我不對等的非邏輯性導致人際關係的重新思考，和企圖釐清根植在尋常女性美德之中混淆不清的自我犧牲和關愛／懷之間的關係。第三種看法聚焦在人際關係的動態特性，並藉由一種她／他人和我連結關係的嶄新理解以消除自私和責任之間的緊張。關懷／愛變成一個在心理（學）上保持人際關係和反應上自我選擇的判斷原則，但是在對於剝削和傷害的譴責上則具有普遍性。因此是個在完整了解人際關係後心理學上更進步的——一個人和她／他人之間更為分化和對於社會互動動力之間益增的理解——促發了關懷／愛倫理的發展。這一個反映人類人際關係知識累積的倫理，是從自我和她／他人是相互依賴的洞見中所萌生的。對於此一連結的不同思考方式或不同應用模式標示了以上三種觀點和它們的轉換。在這序列中，相互連

結的事實說明了暴力事件對所有人而言都是具毀滅性的一般關懷／愛的行動，對於她／他人和自我都有益（增長）的核心和重複出現的體認。

墮胎決定在最簡單的建構上是集中在自我。顧慮是實際的而其中（主要）的議題就是活存。女人專注在照顧自己，因為她覺得非常孤單。從這個觀點來看，**應該就和將要一樣**，而她／他人唯有在影響到結果時才會對決策具有衝擊性。一位十八歲的女孩蘇珊在被問到當她發現自己懷孕時是怎麼想的，她回答道：「**我除了不想要之外，其實什麼也沒有想。〔為什麼？〕我不要，我還沒準備好，而且明年是我高中生涯的最後一年，我想要上大學**」。當問到有關於墮胎是否有個正確的決定或正確的方法時，她說：「**沒有正確的決定。〔為何？〕我就是不要**」。對她而言正確的問題只有在她自己的需求有衝突時才會浮現；然後她才會思考哪個需求具有最（較）高的重要性。另外一位十八歲的女孩瓊安的難題是，她認為有個小孩不但是提供了「**絕佳的結婚和離開家庭的機會**」且增加她自由的方式，同時也讓她無法「**做許多事情**」而限制了她的自由。

在這種型態的理解當中，唯一思考的主體自我是由感覺失聯所生的缺乏權力所局限，因此事實上是孤單一人的。「**去做許多事情**」的願望持續的為事實上已經完成（成就）的事實所限制。人際關係大體而言是令人失望的：「**妳和一個傢伙廝混唯一會得到的就是受傷**」。結果使有些女人在某些情境中刻意的選擇孤單以保護自己免於受傷。當被要求自我介紹時，一位認為自己該為

一個很親的弟弟意外死亡負責的十九歲女孩瑪沙回答：

> 我真的不知道！我從沒想過！我不知道！我只知道一個
> 人的輪廓，我非常獨立，我不想問任何人任何事情，我在人
> 生的道路上踽踽獨行。我寧願獨處也不要和別人在一起。我
> 試著（刻意）讓朋友的數目有限到只有幾個，其他的就不知
> 道了；日復一日，我都喜歡獨自一人。

有關活存考量的重要性，由一位十六歲女孩清楚地在她判斷
漢茲偷藥以救妻子的難題中表達出來：

> 我認為活存是在生命／活中人們所極力追求的最重要事
> 物。我想那是最重要的，比偷竊還重要。偷竊也許不對，但
> 若是妳／你必須去偷藥或是殺戮以求自己活存，那就是妳／
> 你該做的事……我想保存自我是最重要的事。它在生命中比
> 任何事都要緊。

在依隨這個位置的轉折中首次出現了自私和責任的概念。它
們的參考是自我，是到目前為止作為判斷基礎自我利益的重新界
定。**轉換的議題是依附或與她／他人的連結。**懷孕不僅藉著再現
一個立即和字義上的連結，同時也以最具體和最生理的方式確認
女性成人角色能力來凸顯這個議題。雖然有個小孩在乍看之下提
供了成人寂寞的解消和打開依賴和獨立之間的衝突，但是實際上
成人前期的持續懷孕狀態往往讓問題更複雜，增加社會孤立和阻

礙了朝向獨立自主的腳步。

在社會中以及就生理的意義而言，身為母親就要具備親職照顧和保護嬰孩的責任。然而為了要能夠照顧別人，一個人必須先要能負責地照顧自己。從兒童期到成人期的成長經歷被視為從自私到責任的變化，是由一位十七歲的女孩裘西在分析她對懷孕反應的剖析時展現的：

> 我開始對懷孕感覺非常正面而不是非常負面，因為我並不是以實際的眼光在看待我所身處的情況。我是在好像以我自己很自私需求的角度（在看），因為我很寂寞。事情的發展並不是真正的對我有利，因此我以為如果有小孩照顧，小孩就像我的一部分，那會讓我好過一些。但我並沒有看到現實的那面，就是我應該要負的責任。我決定要墮胎是因為我明白有了小孩之後我得負擔多少的責任。譬如說妳得隨時都在；妳不能老是不在家，就像是我所喜歡的。所以我決定對自己負責任並解決許多事情。

在描述她自己先前的判斷模式，也就是想要有個孩子以打破孤寂和製造連結的願望，裘西現在批評那個判斷是**自私和不切實際的**。要個孩子的願望與想要「**總是不在家**」的自由願望之間的矛盾——也就是在連結和獨立之間——是以一個新的優先順序排位所解決。在當判斷的標準移轉時，難題就有了個道德的面向而願望和需求之間衝突就變成了**將要和應當之間的差距／鴻溝**。在這個**自私的冀求**決定與**責任**之間對立的道德選擇：

我想要的是保有這個孩子，但我覺得我應當做的，也是
我必須做的，就是立刻墮胎，因為有時候妳想要的是錯誤的，
有時候必須比妳想要的要緊，因為那並不總是導致恰當／正
確的後果。

懷孕本身確認女性氣質，正如裘西所說：「**我開始覺得很
好。懷孕時我開始覺得像個女人**」。但墮胎對她而言，變成是一
個成人選擇負責任的機會：

　　（**妳如何向妳描述自己？**）由於有個攸關性命的決定，
　　這使得我現在用相當不同的眼光看待自己，過去我在生命中
　　並沒有太多太難的抉擇，而我也都做了。做這需要負些責任。
　　因為我做了個不容易的決定所以我改變了。那是好的。因為
　　在我看來以前我都沒有很實際地看待它。我有可能照我想要
　　的去做，我是要的，即使是不對。因此我看我在照顧自己和
　　做決策上更成熟了，而且是為自己在做事情。我想那對我其
　　他方面也有幫助，如果有另外一些需要負責任的決定要我去
　　做的話。而且我知道我可以做那些決定。

　　在這認知重新建構的現象中老舊蛻變為嶄新。「為自己成就
些事」的願望依舊留存，但在現實的方式上卻有所變革。對裘西
來說，墮胎的決定同時在整合關懷／愛和責任上確認了女性氣質
和成人。另一位青年成人說道德：「**是妳／你思索自己的方式。
遲早妳／你會下定決心要照顧自己。如果妳為了正確的原因而墮**

胎的話，那就會幫妳重新開始並可以做些不同的事情」。

由於這個轉換表示了一種自我價值的成長，它因而需要一個包括了做「正確的事」的可能性自我概念，因此將自己看成能具有善良特質和有潛力可被包容在社會中。當這種能力被激烈質疑時可能提出轉移的議題，但人格發展卻被阻撓了。儘管明白其中所涉及的議題，但卻無法完成第一個轉移的情形，由一位年近三十並在自私和責任的衝突之間掙扎，但無法決定是否要以第三次墮胎來解決難題的婦女安所刻畫出來：

> 妳該想想在這裡面的所有人物，包括妳自己。妳對自己有責任。且是做一個正確——不管那是什麼——決定是看妳所具備可能性的知識和意識，以及有個小孩之後妳是不是活的下去，還有這對妳與小孩父親間關係的影響和事情對他在情緒／感上的衝擊。

拒絕把小孩賣掉並「在黑市裡賺一票等想法……因為我是個很有原則的人，如果我想到要把我自己的小孩賣掉，那會讓我覺得自己在做非常錯誤的事情」，安一直會回到與她自己活存議題相關的責任觀念上掙扎。自我概念的轉換似乎一直在被一種矛盾所阻擋：

> （妳如何自己描述自己？）我認為我是衝動的、現實的——那是個矛盾——道德的和不道德的矛盾。事實上唯一一個一致和不衝突的事實是我很懶，而許多人卻總是告訴我那是

別的問題的一個症狀，但我卻總是搞不懂。我花了很長一段
時間才喜歡我自己。事實上有些時候我不喜歡，我認為那在
某種範圍之內是健康的，有時候我又覺得我太喜歡自己了，
而且也太逃避自己，到那種避免負擔自己和我喜歡的人的責
任，我對自己相當的不忠實。即是想到我是個人我都很不舒
服，只是因為社會上有許多黑暗面（腐敗的事）而人們卻是
如此的殘酷和冷漠。

把自己視為規避責任，她找不到可以解懷孕難題方案的基本
因素。她在一個清晰意義決定上的失／無能更進一步的增加了她
在整體上的挫敗感。批評雙親在她成人前期時強迫她去墮胎而背
叛了她，現在她對自己也在做相同的批評。以此而言，她曾考慮
把孩子賣掉也是毫不足奇的，因為事實上她覺得自己也曾經被父
母親為了維護他們自己的名譽而賣掉。

從第一種到第二種看法，也就是從自私到負責任的轉折，是
一個朝向社會參與的移動。第一種看法道德是社會所強加的獎
懲，而人是主題／體遠勝於人是個公民，第二種看法則視道德判
斷端賴人們所共享的規範和期許。在這一時刻女人經由認可社會
價值以認證她身為社會成員的宣稱。有關善良共識的判斷變成和
活存一樣重要的關懷／考量，現在好像成了她／他人的接納。

此處尋常的女性氣質聲音是以極清楚的面貌出現，它界定自
我並以關懷和保護她／他人的基礎上強調／宣稱它的價值。現在
女人建構一個充滿著女性氣質美德前提的研究，如反映在巴若

芙面等人（1972）的刻板印象世界，在其中所有被認為女人所需要的特質設定了一個她者——一個「圓融、溫和及易表達情緒」的接受者，能讓女人敏感反應且產生符合她「非常強烈安全感需求」的關懷（頁63）。這種看法的長處在於它關懷／愛的能力，而短處則在它對於直接表達所強加的限制。這兩種特質都凸顯在十九歲茱帝對照她猶豫的批評與她男友的直性子：

> 我從不想傷害別人，我講話總是輕聲細語。我尊重她／他人的意見，人們也可以照自己的喜好做事情。他常對人們頤指氣使。他常在公眾場所做那些我私底下才會做的事。那比較好，但我就是沒辦法。

她的判斷很明顯是有的，但至少都沒有在公眾／開的場合表達。對於她／他人情緒／感受的顧慮強加了一個限制，也就是她批判自己在知覺的體貼名義下流露著一種脆弱性和不可信。

在人格發展的階段裡，衝突就是在傷害的議題中產生。當對所有人的最佳利益沒有選擇，當責任衝突而決策牽涉到要犧牲某（些）人的需要時，女人就會面對一種選擇受害者的困境。一位害怕第二次墮胎對自己有影響，但又同時面臨家人反對以及男友不贊成的十九歲女孩凱西，描述了這個矛盾：

> 我不知道我可以有什麼選擇。不是生下來，就是墮胎！這就是我有的選擇。我想困擾我的是選擇傷害我自己，或是

傷害我周遭的人。什麼更重要？如果有個快樂的中道那就好
了，但是沒有。只有傷害我自己或者另一邊的人。

雖然女性氣質伴隨善良和自我犧牲的認同，清楚地指出解決
這矛盾的方式，但對女人這自身的方案卻有重大影響，而且不論
如何由關懷她／他人動機所做的墮胎和展現出的利他主義也因為
胚胎的犧牲而大打折扣。由於女性氣質本身和意圖做為愛和關心
表達的墮胎對立，這種解決方案輕易地在它自身的矛盾中爆發。

「我不認為任何人該在她／他們所鍾愛的兩件事情裡作選
擇」，笛尼斯二十九歲時曾不願意墮胎，因為她覺得對自己的愛
人，也對他的妻子及孩子們有責任，她說：

> 我就是要這個孩子，因為我真的不相信墮胎。誰能說生
> 命何時／從何開始？我認為生命始於受精。我覺得自己的身
> 體開始變化，而我也想要保護它。但我也覺得我有責任，萬
> 一（他妻子）有個三長兩短時。他讓我覺得我必須做個抉擇，
> 而且只有選擇墮胎，而我將來還是可以有孩子，同時他也讓
> 我覺得如果我不去墮胎我們就只有分手一途。

在她心中決定墮胎是一個懷孕後無法選擇的選擇：「那是我
的選擇：我必須做的」。相反地，她選擇把懷孕的重要性放在她
認為包圍她生命人際關係持續的重要性之下：「在遇到他之後，
他就成為我的生命。我為他竭盡所能：我的生活好像是環繞著他
似的」。因為她又想要孩子又要保持關係，不管怎麼做都可能被

看成是自私的。進一步來說，由於這兩個選擇都隱含著傷害別
人，因此兩者都被認為是不道德的。面對著一種以她自己看法來
講無法兩全的決定，她就想為自己所選擇的開脫，並且以犧牲她
自己而去滿足愛人和他妻子的需求。然而，這個以責任之名所做
的公開犧牲，卻在私領域以憤怒所爆發出來的憎惡／恨，危害了
那原先想被維繫的關係：

> 之後我們經歷了一段非常不快樂的日子，因為——我不
> 願說，但我是錯的——我怪他。我對他讓步。但最後還是我
> 做了決定。我可以說：「**不管你要我還是不要，我就是要留
> 下這個孩子**」，但我沒說。

現在又因同一個男人而懷孕，她回顧以往並發現事實上選擇
是她自己所擁有的，她因而再次回到現在看來像是她在過去所錯
過的成長機會。這次她要做而不是放棄決定的權利／力，她看到
了**力量**並且努力地將自己從依賴所導致的無能中釋放出來：

> 現在我認為自己可以變成一個非常強壯的人。因為情境
> 我隨波逐流。以前我從未真正擁有自我……我希望（這次）
> 能堅強地不管對錯的做一個重大決定。

因為自我犧牲的道德觀證成了先前的墮胎，她現在必須不管
那個判斷，如果她要發出自己的聲音並且接受抉擇的責任。她因

此質疑先前導致她所作所為的前提，也就是她需為她／他人的行動負責，且她／他人也必須為她的決定負責。這種想法的責任觀對於控制有不合宜的前提，把強調掩飾成為反應。藉由逆轉責任它促發了一系列的間接行動，最後讓每個人都覺得自己被別人操縱和出賣／背叛。這個想法的邏輯是混淆的，因為互相關懷／愛的道德是鑲嵌在依賴心理中。強調因為它有傷害的能力而變成具有不道德的潛力。這個混淆展現在寇薄道德發展第三階段的定義裡，其中贊許的需求被和關懷與幫助她／他人的希望結合。因此當身陷在依賴的被動性和關懷／愛行動中時，女人往往在行動和思想上因為主動性的麻痺而變成無／失能。因此笛尼斯說：「只能隨波逐流」。在這個判斷之後的轉換期是從善良到真實為標記的轉折。這個轉換始於自我和她／他人關係的重新思量，當女人開始仔細檢驗那個為了關懷／愛道德服務所做的自我犧牲的邏輯。在**墮胎決定研究**中，這個轉型是**自私**這個字的重新出現所標／宣示。重提判斷性上的主動，女人開始質疑在她的關心和照顧中含括她自己的需求是自私或負責、道德或不道德。這個質疑使得她重新去檢視責任的概念，並以之和別人對於一個新的內在判斷的想法併陳。

　　在把自己和她／他人的聲音區隔時，女人思考可不可能同時對自己和她／他人負責並因此而解決傷害和關愛之間的落差。此一責任觀的行使需要一個首要的前提，必須是誠實的新判斷。對自己負責的第一件事是要承認自己在做什麼。在當行動的道德是從意圖性以及它所在實際上造成的後果來評量，而不是從它在旁

人的眼中所顯現的時候，判斷的標準因此從善良轉變為誠實。

　　一位二十四歲的天主教徒珍娜在生下第一個孩子之後的兩個月又懷孕，她的煩惱被定義成是選擇上的矛盾：「妳必須現在決定。因為現在可以墮胎，妳必須做個決定。如果沒法墮胎那就沒有選擇，妳只能做妳必須做的」。在缺乏合法墮胎的情形中，一個自我犧牲的道德是必要的，因為要保護和照顧那需要依賴別人的孩子。

　　墮胎的決策先是被珍娜以她對別人責任的方式所架構，因為這個時候再生一個小孩有違醫生給她的建議，並且會耗盡家庭中經濟和情感上的資源。然而，她說有另一個原因讓她墮胎：「有點像是個情緒上的理由。我並不知道那是不是自私的，但那一定會把我綁／累死，而我現在還沒準備給兩個孩子綁死」。

　　反對她這個混和了自私和責任原因墮胎的決定是她在宗教上的信仰：

> 那是殺生。雖然它還沒有成形，它是個（有生命的）潛力，但對我來說那是殺生。但我必須考量我自己，我的孩子和我的先生（的想法）。起先我覺得是為了自私的原因，但那不是。我相信有一部分是自私的。現在我不要另外一個小孩，我還沒準備好。

　　難處是產生在如何證成殺生的議題上。「我無法視而不見，因為我相信，而且如果我試著去忽視它，我知道自己會處在很糟

的情緒當中。那會是否認我真正做的事」。她自問：「我在做正確的事嗎？那是道德的嗎？」珍娜把她的信仰和她對於繼續懷孕的顧慮併陳。她下結論說她無法「道德上如此嚴格以致於用一個決定傷害了三個人，只因為自己的信仰」，她發現善良的議題對於她解決難題的方案還是相當重要的：

> 道德的因素在那兒。對我來說是殺生，而我還是得自己下決定，我與神父說我對它是有情感／緒的。但他說它從現在起就是在那裡，同時他也說那是看個人是否能和墮胎的理念並存，而且相信自己是好的。

但善良的標準向內部轉移，因為又墮胎又認為自己善良的情形是靠著對自私議題的分析。當被問到是否依道德行事就是按照自己最大利益或者其實是自我犧牲時，她回答：

> 我不確定我是不是明白這個問題，我在這兩條思路中——不是墮胎，就是自我犧牲。但我認為我的道德觀很強，若那些因素——經濟的、生理現實和捲在其中的家人——都沒有，而我也不必這麼做，那就是自我犧牲了。

在她試圖確認自己的感覺，以便決定她是不是在刻意忽視那些因素以終止懷孕時，她也澄清自己在參與決策（過程）中是明顯重要的。第一個從自私到責任的轉化中，女人以思索自身之外的需要書寫清單。但在第二個善良到誠實的轉換時，自我的需求

必須刻意的發掘出來。面對自己想要墮胎的事實，珍娜處理自私
的問題並且條件化它成為像是強加在她決定中的**善良**。然而對於
自私的關切最後卻被誠實和真理的顧慮所取代：

> 我想從某個角度來說，我是自私而且很情緒化，同時我
> 覺得我是個真實和體諒的人，並且我也能還算不錯的處理生
> 活／命中的情勢，所以我有相當程度是以那些我覺得對我及
> 與我相關的人正確和有利的能力在做事情。在這個決策中，
> 我想我對自己是滿公平的，我也真的認為我是很誠實的，並
> 沒有隱藏任何事物，而且顧慮了所有的情緒。我覺得這是個
> 誠實和好的決定，一個真正的決定。

因此她努力去列入自己和她／他人的需要，對別人**好**與負責
任，但同時也對自己負責任、**誠實與真誠**。

雖然從某一個角度來說，專注自己個人的需要是自私的，但
從另一個角度來看，卻是誠實及公平的。這是個朝向對於新的善
良概念理解轉換的精神，它把承認自我並且接受選擇所生責任做
內向的轉化。外向的證成，對於**正當理由**的顧慮對珍娜來說還是
很重要的：「我還是認為墮胎是不對的，除非你能在情境中證
成／明妳所做的是正確的，否則那還是錯的」。然而對於證成／
詞的追尋造成了她一些想法上的改變「並不是很戲劇性的，但一
點點」。她明白若繼續懷孕對自己和先生都是痛苦的折磨，對於
他，她現在開始覺得**受不了且很生氣**。這使得她開始思考自我犧

牲對自己和對別人所會產生的結果。最後珍娜說：「神會懲罰，但祂也會寬恕」。對她而言，問題就變成是否她對寬恕的宣稱會被一個既能符合他人的需求，同時也「對我自己也又對又好」的決定所稀釋。

　　對於自私的顧慮和它與不道德的等同，也出現在對一位二十九歲天主教女護士的訪談中，她把達成墮胎決策的情形以「我總是把墮胎想成是描述謀殺的美化字眼／華麗詞藻」的陳述表達出。開始時她解釋這是個程度較輕的謀殺，因為「我之所以墮胎是因為我必須。我並非有一絲一毫的喜歡墮胎」。因此，她的判斷就是「並沒那麼壞。妳也可以把它用稍許不同的方法去理由化」。既然「基於眾多的理由來保存孩子是不實際又不可能」她就認為自己只能墮胎或者（找別人）收養（她所生的）孩子。前面已經讓別人收養了一個孩子，她發現「在心理上我無法再接受讓別人收養。上次的收養我花了四年半才平復。我實在無法再經歷生孩子讓別人收養的過程了」。所以在她的眼中只有剩下謀殺嬰孩或者傷害自己的選擇了。這選擇更被若她繼續保持受孕的狀態，她不但會傷害自己，同時也會傷害和她住在一起的父母親的事實所複雜化。在這麼多面向的道德衝突中，在諮商中心理誠實的需求終於讓她做成了決定：

　　　　靠我自己來說我並不是為了自己，我是為了我爸媽。我墮胎因為醫生叫我墮胎，但在內心深處我始終無法忘懷，我做這是為了我自己的想法。事實上我得坐下來承認，「不，

我不想經歷為人母的生活，我真的還不想現在做母親」。畢竟那也不是妳可以說的最糟糕的事。但這也是我在和她（諮商員）談了之後才覺得如此的。在那之前，我覺得非常不好，因此我根本就不想去感覺要墮胎這件事，我一下子就把它給排除了。

只要她保持著道德的想法／觀念，墮胎只能被證成為一個犧牲的行為，一個在排除責任選擇從缺的對情勢需求／強迫的屈從。就這樣她才能避免自我譴責，因為「當妳提到道德這玩意兒的時候，妳就進入了自尊的領域，而如果我做了什麼我自己認為在道德上錯誤的事，那麼我就會失去一些我自己作為一個人的自尊」。她對於責任的規避，是對她認為自尊所必須的純真維繫，與她在墮胎決策中參與的事實牴觸。對於自身受害宣稱的不忠實製造了一個需要更為包容理解的衝突。她現在就必須解決茁生在她思想中介於對和錯之間兩種不同用法的矛盾：「我是說墮胎在道德上是不對的，但在此一情況上它是正確的，而且我要墮胎。但問題在於最終這兩個事情得放在一起，而且我也得把它們放在一起」。在被問到這得怎麼做時，她回答：

　　我得把道德上錯的改成是道德上對的。（如何呢？）我不知道。我不認為妳可以接受那些妳認為道德上是錯的，因為情境讓它變成合宜。它們彼此不合，它們是對立的。不能被放在一起。有件錯事，但忽然間因為妳在做它就變成對的了。

這個情形也使得她回想到對於安樂死上的衝突，她原先認為安樂死在道德上是錯誤的，一直到她必須在安寧病房中負責照顧「兩個心電儀沒有起伏的病人，以及這種情形對於病患家人／屬的衝擊」。在照顧植物人上的經驗讓她明白：

　　　　妳真的不知道是怎麼一回事，一直到妳碰到並且必須面對它們為止。如果妳能體會在我遇到安樂死之後的感覺，然後在我自己遭遇墮胎時的想法，（妳就會知道）我認為它們都是謀殺。對和錯而且沒有其他，但那的確是有個灰色地帶的。

　　在發現灰色地帶並質疑她從前認為是絕對的道德判斷，她就開始面對第二個轉換期的道德危機。現在當她不僅質疑以道德之名傷害她／他人的證成／詞，同時在傷害她自己的**正確性**時，那在以前導引她的傳統道德觀必須面對一個新的批判。然而在面對把善良等同於自我犧牲的傳統時要維持這樣一個批判，山卓拉必須確認她自己獨特的判斷以及她自我觀點合法性的能力。

　　再次的，轉折視自尊（的概念）而定。當自我價值的不確定性阻礙了女人宣稱平等時，自我強調就變成老式自私抨擊的獵物／犧牲品。然後以負責任的照顧為名以寬恕自我毀滅的道德並不被以不完整而拒斥，反而是在面臨活存威脅的時候被放棄了。道德義務，而非擴充以含括自我，在當無法反應使得女人再也不能在她看來以犧牲她自己而保護她／他人時被完全地排除時被拒

斥。在欠缺道德時，不論如何**自私**或**不道德**，活存就成了最重要的考量。

一位年近三十歲的音樂師艾倫，她的情形說明了這個轉換期的失能／無力。一直過著環繞在工作上的獨立生活，她認為自己「滿有決心／意志力、還算能有控制（力）、理性並且客觀」，一直到她陷入一段熱戀並發現自己有個去愛的全新面向。自省時覺得（自己）「極為天真／無知和理想主義」她隱隱約約的想到「有一天我會想要生個小孩以鞏固我們的關係，因為我一直把小孩和我生命／活中的創意／造力部分連結在一起」。她和愛人都不用避孕裝置，因為「在我們的心中，這段感情有點像是一個完美／理想的感情，因此我們就不想用外在或人造的器／事物」，她視自己是放棄了控制而變成「尓模糊並讓事情牽著我走」。當她開始面對「情境的事實」——懷孕的可能性以及愛人已婚的事實——她發現自己懷孕了。深／身陷在「看起來愈來愈挫敗」而想結束的一段關係和想要一個「會持續一段很長時間連結」的小孩，她被自己的猶豫不決而無法解決困境所顯示的失／無能所麻痺。

懷孕的本身製造了一個在她「一旦生命開始，它就不該被以人為的方式結束」道德觀／信念和她驚訝地發現若她想要有小孩，則她所需要的支持遠比她先前所想像的要多。儘管她道德上的信念告訴她應當要這個孩子，她懷疑自己是否有能力在心理上對應「自己一人撫養小孩並負起責任」。因此衝突就在她認為她有保護生命的道德責任，和她無法在此次懷孕的情形中做到湧

出。把它看成是「我的決策以及我有責任去判定要或不要小孩」，
她努力掙扎著想找出解決這個難題的方法。

　　具有「運用哲學邏輯」提出贊成或反對墮胎的能力，艾倫一
方面想在人口已然過剩的世界中，只能在照顧孩子最理想環境中
才可以有／養小孩，但在另一方面，則唯有在一個人實在無法維
繫時才能去結束一個生命。當被問道是否在她想做的和她認為自
己該做的之間有差別時，她描述了她一再面對的無力感：

　　　　是的，而且一直都是。我其實在許多的選擇情境中一直
　　在面對這個，我一直想弄清楚是哪些因素造成我覺得我該怎
　　麼做，以及我自己想要做的。（在這個情況中？）這並不是
　　黑白分明的。我又想要小孩又覺得應該把它生下來，同時我
　　也想要墮胎，我會說我比較覺得該墮胎。我還沒對自己的作
　　品有足夠的信心，而那就是所有事物的決定因素。墮胎可以
　　解決問題，而且我知道自己無法處理懷孕的情形。

把墮胎說成是「情緒的和實際的」解決方案並歸因於對自己
的作品缺乏信心，她把這個解決對照於她愛人的「想得很清楚並
且更合邏輯且正確」方式，他認為她該把孩子生下來，並且不論
他有沒有在場或提供財務資助都要撫養它。艾倫並不是質疑這個
反射的終極、慷慨、善良、在創造性上自給自足且能夠滿足嬰孩
的需要，也不強加需求在別人身上的自我影像，而是自己能夠滿
足此一形象的能力。於是下結論說她目前還無法做到，因而她在

自己眼中被視為是自私且為了「**我的活存**」而在掙扎中妥協。但她又說：

> 不論如何我都要受苦。也許我在墮胎之後受情緒和精神上的苦，或者是我認為更糟糕的。因此兩害相權取其輕。我認為我可以挑選活存下去的方式。我猜這大概是自私的，因為它的確顯得（有些）如此。我才剛明白了這些。我真的覺得那是性命攸關／事關我活存的。（**為什麼這樣就自私呢？**）嗯，妳知道嗎，它是的。因為我是先想到我自己的活存，而不是關係或者是嬰孩的活存，而這個嬰孩是另外一個人。我認為我在設定優先順位，並且把自己活下去定成是最重要的。我把這想的很負面。但我也愛想其他正面的因素，我還有些生命／活留下來，也許吧？我不知道。

在面對此一關懷的失能，在尋求連結上放棄的失望，艾倫思索活存端賴她的工作，那是「**我得到我存在的意義。那是個確定／已知的因素**」。雖然工作的不確定性使得此一活存處於脆弱的狀態，但是**高度的內省性**卻使得墮胎的決定也很脆弱。墮胎「**會是後退的一步**」而「**走出去愛一個人並有個小孩會是向前的一步**」。連結所展示並已感覺到的縮減，在她對墮胎一事所造成付出的預期是極為明顯的：

> 我會做的也許是放棄自己的感覺，它們何時會回／恢復或者（在放棄之後）會怎麼樣我不知道。因此我不會有任何

感覺，而且我會冷酷的經歷這一切。妳愈對自己如此，再次
去愛、再次信任和再次感覺就愈困難。每當我離開那感覺，
他就變成愈容易而不是愈難，但是容易在避免自己奉獻／執
著在一個關係中。而我真的很顧慮把整個感情／情緒切掉的
部分。

身／深陷在自私和責任的泥淖中，無法在此情境中找到一個
既關懷又不毀滅的選擇，艾倫面對了一個被化約成道德性互斥於
活存的難題／矛盾中。成人性和女性氣質在這整合企圖的失敗中
灰飛湮滅；當工作的選擇變成一個不僅否認／拒斥這一段關係／
情感和孩子，同時也抹消了由愛和關懷所生纖弱性的時候。

但在此理解中的問題產生了第三種洞見，在當重心轉移到什
麼被認為構成關懷時。也面臨失望的另一位二十五歲女性沙拉，
找到了一個方法來解決原先看來分裂的自私和責任概念，透過一
個對關係理解的轉化，檢驗在傳統女性自我否定和自我犧牲下的
前提，她拒斥／否認傳統以它們傷害能力所賦與／標籤的不道
德。藉由非暴力，反對傷害成份的注入，到一個統整所有道德判
斷和行動的原則，她得以在自我和她／他人之間強調一個道德的
等／趨同性並將這兩者都涵蓋在關愛／懷中。關愛因而變成一個
普通的成分，一個免除於傳統詮釋並導致一個允許為責任作選擇
前提，並重新設定此一對立的自我選擇倫理。

在沙拉的生命／活中，這次的懷孕是表面化了先前一次懷孕
的未竟之事，和導致這兩次懷孕的關係。沙拉在愛人離去之後發

現了第一次的懷孕，她用墮胎的方式來結束那次的懷孕，以表達
被拒絕之後的忿怒，以及她所認為的滌清罪行。對墮胎的記憶只
是個解除，然而她卻也把她在墮胎時期的情狀描述為*落到谷底。
希望對自己的生命／活有所掌控*，然而她在男人再次出現時又接
續了（原先所中斷的）關係。兩年之後，她因懷孕又再度*走上超
音波儀*。雖然開始時有點被這個消息弄得暈陶陶的，但她的高興
很快的就隨著男友表示若她選擇生下孩子他就會再次的離開而煙
消雲散。在這種情況之下，她考慮第二次墮胎但卻常常無法準時
赴約，因為她猶豫於接受那選擇的責任。第一次墮胎被看成是個
誠實的錯誤，第二次墮胎會讓她覺得自己*像個活動屠宰場*。由於
她需要財物上的資助以撫養小孩，她起先的策略是*去找社會福利
人員*，希望她／他們拒絕幫忙而解決她的困難：

> 妳知道嗎？這樣責任就不在我了，而且我也可以說「*那
> 不是我的錯，政府不肯提供我墮胎所需要的錢*」。但結果可
> 能是墮胎，而我也回到最先開始的原點。我預約了要墮胎，
> 然後我打電話取消，接著，又打電話再約，再取消，我就是
> 無法下定決心。

面對著一個在傷害自身或結束生命的選擇衝突，沙拉用一種
可以產生新優先順位，並且可以產生決定的方式以重新建構這個
矛盾／難題。就這樣，她開始明白／看到這個原先的矛盾是架構
在對現實錯誤的認識前提上。她排除了原先思考方式的發展順

序，其後她也否定了那植基在她的孤獨感或者自己在別人眼中顯得善良的不充分解決方案。最後她把所有的思考歸結到她對自己、對孩子以及孩子父親的責任：

> 嗯，贊成留下小孩的原因有著所有對單身女人有吸引力／迷人的成分，孤獨、殉道、掙扎，以及有這漂亮（吃嬰兒食物的）嘉寶（Gerber）小孩。就是長久以來我一直有的居家生活，基本上那是個夢土／樂園。反對留下小孩的原因：不可避免的是我與現在這個男人的關係將會終止。我就得倚賴社會福利為生。我爸媽這輩子都會恨我。我會失去一份極好的工作。我會喪失獨立性。孤獨一人。我會處在一個在很多時候向很多人求援的情境中。壞處是我必須面對罪惡感。墮胎的好處是我可以更有能力的以及更負責任的方式處理與（孩子的父親）日益惡化的人際關係。我可不想要在未來的二十五年裡發現因為我做了這件事，而處罰自己再一次懷孕的愚蠢地步，並被迫自己一個人帶小孩或必須面對第二次墮胎的罪惡感，看起來並非——嗯，兩害相權取其輕，同時也是個從長期來看讓我有所得的選擇，因為藉由明白我為何第二次懷孕又第二次墮胎，我必須面對自己的某些部分。

雖然她並不會對第二次墮胎*感覺很好*，但她下結論：

> 有了這個孩子不會對我、他自己和整個世界有任何幫助。我不需要以這個孩子去支付我對這個世界的想像性債務，而

且我也不認為生個小孩下來並這樣看它是正確／對的。

在被要求描述自己時，她表示了她對道德的轉化性理解緊密地和改變中的自我概念連在一起：

> 最近對那我想了很多，而那和我以前下意識對自己的理解很不一樣。（在以前）我習慣於對別人多付出，在眾人之處提供服務，甚至對不值得我如此去做的人，因為不曉得在生命中的什麼時刻我好像學到了我的需求和她／他人相比是次要的，而且我覺得，如果我要求別人來滿足我的需要，我會有罪惡感並壓抑／排除自己在別人的需求之外／下，但那後來又會轉回到我身上來，因此我就會很怨恨那些我為她／他們做事的別人，那也導致裂痕並週而復始使原先的關係惡化。我怎麼向我描述自己呢？比我所承認的要更多挫折／敗和忿怒，比我所承認的更具有攻擊性／積極。

在回顧／反省構成傳統女性自我概念中的美德成分，一個她從母親話語／說詞中所展／顯現的定義／概念時，她說：「我開始注意到這些美德對我一點兒也沒用了。」與此體認相連的是她自我權力和價值的確認，這兩者都被她先前所投射的影像排除在外：

> 我忽然開始體會我所喜歡做的事情、我所有興趣的事、我所相信的事和我所了解的自己，並不需要被一次定型且符

合傳統的刻板印象。我比我過去行動所讓別人知道／相信的
更有價值。

　　沙拉所認為的**好人**，以前只局限在她那位勤勞、忍耐，和自
我犧牲的母親所設立／定的榜樣／模範，這些都轉變到她所強調
的直接了當和誠實。雖然他相信這個新的自我強調會導致她*覺得*
自己更好，她也同時體認這會讓自己遭受批評／抨擊：

　　　　別人也許會說：「哇，她好強勢／積極呀！我不喜歡」，
　　但她／他們至少會知道她／他們不喜歡。她／他們不會說「我
　　喜歡她操控／調整自己來討好我的方式」。我所做的只是做
　　一個更為自主／決和有個性的人罷了。

　　在她從前的架構中，墮胎看來像是個應付的方式，使她免於
成為一個「為錯誤付出代價、付出再付出、說到做到、甚至當她
說那不干她的事時」的人。在這新的框架中，她的自我概念以及
*什麼對我好*有了變化。她認為這個茁生的自我是*個好人*，因為她
有關善良的觀念擴展到了包括一個自己是有價值的感情，一種
「妳不會為利益出賣自己／妥協，而且也不會去做那些妳知道是
愚蠢和自己不想去做的事情」。這個新的取向聚焦在一個對責任
嶄新意識／理解：

　　　　我對自己有責任，你知道嗎？這次我真的開始明白這件
　　事了。取代了先前去做那些我想／喜歡的事並覺得歉疚於自

己的自私，妳了解那對人們要活下去是非常正常的——做妳
想做的，因為妳覺得自己的需求和喜好是重要的，若它不對
任何人和其他人，那就是對妳自己，那就充分構成妳可以去
做的理由了。

　　一旦義務被拓展到了包含自我和他人，在自私和責任之間的
落差／不同就消失了。儘管自我和她／他人之間的矛盾依舊存
在，道德問題卻以矛盾本身的產生排除／阻礙了非暴力解決方案
所重新建構的體認。墮胎的決定（因而）被視為是影響自我和
她／他人的認真／嚴肅選擇：「這是一個我所放棄的生命，一個
有意識（經過思考）的決定，而且它也是個非常非常沈重的決
定／事物」。在以一種極為妥協／折衷必須接受墮胎的解決方案
時，沙拉把注意力轉移到懷孕本身，那對她而言意味著一種無法
承擔責任，一種在關懷她／他人和保護自我及她／他人上的挫
敗／失能。

　　就如第一次的轉化，雖然現在是以不同的術語所描述，由懷
孕所催化的衝突／矛盾構連了心理學發展上的重要議題。這些議
題屬於與她／他人關連自我的價值、對於權力選擇的宣稱，以及
接受由選擇所產生的責任。藉由直接面對選擇的挑戰，墮胎危機
已變成「非常有利的機會。妳可以利用懷孕做為一個學習（的機
會），一個從某個角度而言有用的出發點」。在此危機中同樣成
長可能性的感覺也由那些以一個對於關係嶄新理解在隨著選擇也
達到同樣境界的其他女人在訴說她們「重新開始（洗心革面）」

的感覺，一個「掌握／控我自己生命／活」的機會的陳述中表達出來。

對於沙拉而言面對第二次的墮胎，採取主控的第一個步驟是以一種負責任的方法，結束一個她認為自己已經被降格到不是東西的關係。她體認到了傷害是不可避免的與拒斥／排除／否認共同存在，因此她努力的以「不妥協自己，而且盡量顧慮到情人需求的方式去降低傷害。那對我是個重點，因為到目前為止我的生命中充滿著妥協，我再也不願意這麼做了」。相對的，她尋求一種「有尊嚴有人性的方式讓一個人受些小傷但不致於被毀滅／全盤皆輸」的行動方針。因此那不是東西（的成分）面對了可以具有毀滅性的權力，之前阻礙了她強調自我，現在可以思考一個能讓自己和她／他人無恙／毫髮無傷的新行動。

當沙拉面臨「誰受傷比較重，是損失一些金錢的藥商還是失去生命的人」的問題，所顯示的漢茲矛盾是道德的考量還是集中在傷害的議題上。財產的權利和生命的權利孰輕孰重並不是以一個抽象的、邏輯上具優先性的，而是以一個特殊的、實際所產生的結果，而這些權利的侵犯會對在其中的人造成什麼影響的方式被衡／評量的。沙拉的思想混合關愛／懷情緒和脈絡性，但在道德至高無上的避免傷害，並要求為一個更繁複的心理學動力的理解關係所啟發。

因此，從不平等的膽怯中被釋放出來，女人終於有機會表達那長久以來一直都被壓抑／歧視／保留／排除的道德判斷。之後女人所表明的並非是個新的道德，而是一個從前在知覺上混淆、

剖析上被局限並被父權社會壓迫的支離破碎（肢解）的道德觀／感。為判斷願意去表達以及接受責任是從對自我和她／他人，以及人際關係上間接行動所必須在心理上付出代價的體認所促生。因此關懷／愛的責任就包括了自我和她／他人、對傷害的避免、從傳統上的桎梏中被釋放，於專注在選擇的現實中維繫／保持關愛／懷的理想。

傷害的現實縈繞著一位已婚並有學齡前孩童的二十九歲婦女露絲，她掙扎在一個由第二次懷孕剛好碰上她即將拿到研究所學位的難題中。表達自己「**無法刻意去做一件不好或者會傷害別人的事，因為我不能接受自己那樣**」，然而她還是處在一個無法避免傷害的情境中。尋求一個能保護她自己和別人的解決方式，她以一種混合著明白自己是道德判斷和選擇的決定者知覺、人我之間相互關連性的體認來界定道德：

> 道德是在妳自身的情境中做恰當的事，但在理想上它不會影響——我想要說「**理想上它不會負面的影響另外一個人**」但那是荒謬的（不可能的）因為決定總是會影響到另外一個人。但我試著想說的是在決策中心的那個當事人必須決定什麼是對、錯。

在這個特殊墮胎決策中心的人以否認起頭，但接著就承認她自己的需要和她各種責任之間衝突的本質。一方面把懷孕看成是她在內心想要「**做大學校長**」，另一方面則是「**做陶藝、種花並**

且和孩子待在家裡」之間的衝突，露絲掙扎在女性氣質和成人性的難題中。認為墮胎是個較佳的選擇，因為「最後，也就是明年此時或者兩週之後，它對我們家裡每位成員都不會造成太大的負擔，因為我實在不適合現在懷孕」，她說：

> 這個決定最重要的部分，是必須這（當事的）女人可以接受，好歹這女人可以接受，或者至少試著去接受，而這也必須植基在她的處境，以及在她的生活／命中重要她／他人的處境上。

在訪談開始時，露絲以一個傳統的女性化建構方式來呈現墮胎的困境／難題／矛盾，把它當成她自己想要個孩子而其他人希望她能夠拿到學位（完成學業）之間的衝突。在此建構的基礎上，她認為繼續懷孕是**自私的**，因為那是件**我想要做**的事。然而，當她開始檢驗自己的想法時，她把這當成是種錯誤認識事實的方式而放棄，承認內在衝突的真實性並且申論在她女性氣質和成人的工作生涯之間所感受到的緊張關係。她把自己描述成**被兩股不同方向的力量拉著跑**、珍惜自己**極端熱情和敏感**的特性，以及她體認及滿足別人需求的能力。視自己的**熱情**是「**我不想失去的**」，她認為那已經被她在專業上的追求所危害。因此她在先前所展示的自我欺瞞，對於她純真虛構維繫的嘗試／企圖，是她不想再要一個小孩的說法：

那有可能是我向自己承認我是個野心很大的人，以及我想要對別人有權力和負責任，同時不論是晚上或週末，我想每天過超過朝九晚五的日子，因為那就是權力和責任的意義。那也意味著我的家庭永遠只能排第二。

這是個有著別人難以置信的巨大衝突在裡頭，而我是真的不想這樣。由於露絲認為成人權力的獲得會使得女性特有的敏感和熱情消逝，因此她才會把女性氣質和成人性之間的矛盾建構成為一個道德難題。墮胎的困境因而導引她的注意力到社會中身為女人以及成人的意義，而對於權力和關懷／愛之間差距的體認，也引發了那能夠在人際關係和工作中既能包含女性氣質又可容納成人性解決方案的尋找。

承認女人對道德發展概念的認知真實／有效性，是去體認適用於兩性的整個生命過程中自我和她／他人連結的重要性，對於熱情和關懷／愛需求的普遍性。一個分離的自我概念和被現實所局限的僵化道德原則是個成人前期的理想，我們知道一套繁複的戴德勞思的工作邏輯哲學是危險且不可行的。艾瑞克森（1964）在對照成人前期的意識型態道德，與成人期照顧倫理嘗試面對這個整合的問題。但在當他刻畫出發展的途徑，在其中對於成人愛的親密性和成人工作與關係生產性孤獨的先覺者，是產生在嬰幼期的信賴，同時在其中所有中介經驗是以邁向自治和獨立步伐所標示，那麼分離本身就變成了範式和成長的測量。雖然艾瑞克森觀察到對女人而言，身分／認同與親密和分離有同樣密切的關

係，但這個觀察並沒有被整合到成長的圖表中。

女人所描述的責任道德就如同她們的自我概念一般是樹立在標示朝向成熟的路徑之外。朝向道德成熟的進展被描繪成朝向成人前期時對傳統道德觀質疑到個人權利的發現。這個發現推論進入一個有原則的正義概念，是由一位在大學生研究中的大四學生錦德所提出的道德定義所指出：

> 道德是一個認知，一件依循的事物，而對於有道德的概念是指試著弄清楚人們做什麼才能讓大家都可以活下去，製造一種平衡、一種均衡、一種和諧，在其中每個人都覺得他有個容身之地並且可以公平地分享物品。這樣做就是對一種超越個人的事物狀態做出貢獻，若缺少這個人就沒有任何型態的自我實現機會。公平和道德是必要的，在我看來在創造這種類型的環境中，人們之間的互動是滿足絕大多數個人目標的先決條件（前提）。如果妳／你不想別人干涉任何妳／你在追求的目標（事物），妳／你必須按照遊戲規則。

對照而言，一位年近三十的女人黛安，並不以權利反而是以責任來界定道德，當解釋什麼議題是道德性的時她說：

> 某些試著去發現正確生活途徑的感覺，時刻銘記在心，世上充滿了真實且可辨識的問題，而且是朝向某種末日的方向，當我們正面臨人口過剩的此刻，把小孩生下來好嗎？當我已經有雙鞋了而別人沒鞋穿，再花錢買雙鞋好嗎？它是個

自我批判視野／觀點的部分，像是說「我如何使用時間還有我在做些什麼」。我認為我真的有驅力，母性的驅力去照顧別人——像是照顧我的母親、孩子、照顧別人的孩子，還有照顧這個世界。當我在處理道德的議題時，我好像是持續地在對自己說「妳是不是在照顧那些所有妳認為重要的事物，還有妳是怎麼糟蹋妳自己和這些議題啊」？

　　儘管黛安看法中的後傳統本質是清晰可見的，她對於道德難題的判斷卻不符合原則性思考標準的正義取向。然而這個判斷反映了一個不同的道德概念，在其中道德判斷被引導朝向責任和關懷／愛的議題。在後傳統層次導引道德決策朝向責任觀點的方式／向，讓三十多歲婦女在質疑道德決定的正確方式時展現出來：

　　我所知道唯一方式是盡我所能的保持清醒，試著去明白妳情緒／感覺的區間，試著顧慮到所有身在其中的人，盡量清楚的理解怎麼回事，就像是知道妳所走的道路一樣。（有導引妳行動的原則嗎？）原則必須是和責任相關的，責任和關懷／愛妳自身和其他的人。但那不是一方面妳選擇要負責任，另一方面妳選擇不負責任。兩種方式妳都可以負責任。這就是為什麼那不是一旦妳採取了就可以一勞永逸的原則。在這裡被付諸施行的原則還是會給妳帶來衝突。

　　與女人的訪談中所一再出現的道德前提是個關懷／愛因素的涉入，一個去區別且改善世界裡真正且可被辨認的問題。對男人

而言，道德前提看起來反而像是尊重別人權利的注入，並由此保障生命權和自我實現。女人對於關懷／愛的堅持起先是自我批判而非自我保護的，而男人初始卻是以負面的非介／涉入以理解對別人的義務。因此發展對兩性而言，就像是經由發現這些不同觀點，而相輔相成的整合了權利和責任。就女人而言，權利、義務的整合是經由對關係心理學邏輯的理解。這個理解藉由強調所有人對於關懷／愛的需要以緩和／減輕了一個自我批判道德觀中自我毀滅的潛力。對男人來說，經由經歷／驗一個在照顧上更為積極責任的體認／理解校正非介入性道德觀漠／忽視的潛力並且把注意力從邏輯轉移到選擇的後果（Gilligan and Murphy, 1979; Gilligan, 1981）。在後傳統道德理解的發展中，女人看到了先天存在於不平等之中的暴力，而男人則看到了盲目於人生差異的正義概念的局限性。

在它們再現抽象中的假設性困境，把道德行動者剝除於他／她們個人生命／活中的歷史和心理之外，也把道德問題抽離於它們可能發生情況的社會輻輳性之外。如此一來，這些矛盾是對客觀正義原則的抽取和精鍊，及對平等及相互性正式邏輯的測量相當有用。然而這些難題在它們脈絡特殊性的重新構建中，允許了那些在分辨女人道德判斷被注意到可以一再出現的熱情和包容連結性理解。唯有在實質內容被放入假設性人物生活的骨骸，才有可能考慮到那些道德問題中所反映的社會不公義，並且想像其中所發生的受苦個人所表現的意義和可產生的解決方案。

女人以真實的語彙去重新建構假設性難題的傾向，對於人們

的本質以及他／她們居住地尋求或提供缺失的資訊，把她們的判斷從原則的層級性排序決策過程正式程序中轉移出去。這對於特殊性的堅持表示了一個對困境和一般性道德問題的取向，是不同於任何現存／有發展階段所描繪的。結果雖然在墮胎決定研究中的幾個女人清楚的提出一個後傳統巨視倫理的位置／立場，但沒有一位被寇薄假性困局的規範道德判斷視為是有原則的。相反地，女人的判斷指向一個對於存在於矛盾本身中暴力的認同，那被視為對於任一可能解決方案中正義成分的折衷／妥協。對於難題如是的建構促使／導致女人把道德判斷從良善的考量重新架設在壞處之間的選擇。

露絲，那位訴說自己想當大學校長和再添個小孩願望之間衝突的女人，把漢茲難題看成是自私和犧牲之間的選擇。在漢茲偷藥的生活／命中，露絲從他無法支付兩千元藥費推論，他必須「去做那不符合他但最有利的事，也就是他會被關起來，而那是個超級犧牲，一個我認為唯有真正在愛情中的人才會願意做的犧牲」。然而，不偷藥「會是因為他的自私。他會因為沒有給她一個活久一些的機會而有罪惡／歉疚感」。漢茲的偷藥決定不是以生命比財產有更高的重要性邏輯，反而是以偷竊對一個沒有資源和社會權力的男人會產生何種真實後果所做的考量。

以可能會產生的後果考量——他的妻子死亡或漢茲繫獄，為該經驗的暴力所摧殘以及在生命史中留下前科／犯罪紀錄——困局的本身就產生了變化。解決方案並沒有用一個抽象道德概念所衡量的人命與財產的相對重量／重要性太相干，反而是被和先前

連結但現在對立碰撞的兩個生命，而其中一個生命的延續端賴對
另一個生命的負面影響所關聯。這樣的建構很清楚的表現了為何
判斷環繞在犧牲的議題，以及為何不論採取那個方案罪惡／歉疚
感都始終存在著。

　　展現女人道德判斷中醒目的無聲／言，露絲解釋了為何她對
以自身信念去評斷是猶豫不決的：

　　　　我想每個人的生存都是非常不同的，因此我像是自己告
　　訴自己：「那也許是我不會去做的事」，但我無法說對那個
　　人而言這事是對的或錯的，當我面對一個特定問題的時候，
　　我只能處理那些對我來講恰當／適合的事。

當被問到是否會以她自身避免傷害的原則應用在旁人身上
時，她回答道：

　　　　我不能說那是錯的。我不能說那是對的或錯的，因為我
　　不知道是不是別人有對這個人做了傷害的事。因此有人受傷
　　是錯的，但有個人他／她剛失業並且發洩以表達憤怒的情緒
　　是對的。那或許無濟於事，但情緒宣洩掉了。我並不是說什
　　麼都可以。我是在嘗試看妳自己是怎麼回答這些問題的。

　　她在對道德問題獲致確定答案的困難，在對漢茲矛盾構建上
所感覺到的限制，是從這些問題的歧異性和她參考架構之間的落
差所產生出來的：

我甚至覺得我再也不會用**對**和**錯**這種字眼了，我知道我也不用**道德**這個字，因為我不確定它們的意思了。我們在談論一個不公平的社會，我們在說一大堆不對勁的事情，它們真的是錯誤的——用一個我很少使用的字——而我卻無法改變它們。如果我能改變我一定會去做，但在日常生活中我所能貢獻的是少之又少，而且如果我沒有蓄意去傷害別人，那就是我對一個較好社會的貢獻。而這貢獻中的一大部分就是不要去論斷別人，尤其是當我不知道她／他們是在什麼情形之下去做那些事情。

在評斷上的猶豫不決一直是對傷害的躊躇，這不是從個人脆弱的感覺出發，反而是體認到了評斷本身所具有的局限性。傳統女性看法中的屈從因此持續到了後傳統的層次，並非以道德相對主義，而是以一個重構的道德理解出現。道德判斷在一個心裡學和社會決定人類行為的意識／理解中被放棄，同時，道德關懷也在人類總是在受苦受難的體會中被再次地確認：

　　我真的非常關心人們被傷害，並且我也經常（避免傷人），這真是有點複雜，譬如說，妳不會想要傷害妳的孩子。我不想傷害我的小孩，但有時候如果我不傷害她一些，我就會傷害她更深，妳知道嗎？因此那對我就變成了一個可怕的矛盾。

道德矛盾是可怕的，因為它們會造成傷害。露絲把漢茲的決

定看成是「痛苦／煩悶的結果：我要傷害誰？為什麼我要傷害她
們」？漢茲偷竊的道德並沒有問題，在造成那成為必須的情境
中。問題的核心是他替代他太太（受苦）的意願，而且變成他替
代她成為剝削的受害者，且在一個社會中培養並證成了藥商的不
負責任性，而他的不公不義就顯示在這矛盾的發生中。

　　對於這種被問了一個錯誤問題的感覺，也很明顯地在另一位
女人在反應中以類似心境證成漢茲的行動所表達出來，她說：
「我真的不認為剝削應該被當成是個權利」。當女人開始做直接
的道德陳述時，她們一再強調的重點／議題就是剝削和傷害。就
這樣，她們所提出的非暴力議題是和艾瑞克森（1969）提出對於
甘地（Gandhi）生命／活真實性的考量一樣的心理學脈絡中。在
他寫給甘地的關鍵性信件和他在書中轉折時的判斷，艾瑞克森面
對甘地在挑戰英國統治時所鼓吹／使用的非暴力哲學，和瀰漫在
他和家人以及孩子之間的心裡暴力的矛盾時。這個矛盾使得艾瑞
克森坦承：「那幾乎使我無法繼續寫這一本書，因為我幾乎在真
理的展現中感覺到了一種不／非真理的存在；當所有的白紙黑字
寫出一個不真實的純潔／淨中有些不乾淨的東西；以及最重要
的，在當非暴力被宣稱是主題的時候有了錯置的暴力」（頁
230-231）。

　　在一個針對解決不合作主義精神真理，和他自己精神分析與
理解真理之間矛盾關係的嘗試／企圖中，艾瑞克森提醒甘地說：
「你曾經說過『真理排除了暴力的使用，因為人無法知曉絕對真
理，並且因此沒有處罰的能力』」（頁241）。不合作主義和精

神分析術之間的親和性在於它們共享執著在看待生命／活是個在真理中的實驗，它們是似乎連結在一普通的「治療」，奉獻／執著於人可以測試真理（或原存於病理狀態中的治療權／能力）的醫德原則，唯有藉避免傷害的行動——或者藉由更佳的極大化互相性和極小化單向高壓或威脅所導致的暴力（頁247）。因此艾瑞克森挑戰甘地無法承認真理的相對性。這個無能展現在他宣稱只有他才擁有真理的壓迫性，他的「除了接受自己內在聲音之外不願意從任何人和任何事中學習」（頁236）。這個宣稱使得甘地在愛的偽裝下強加他自己的真理在別人身上，而不察覺或在意他對別人整合／統整性所施加暴力的程度。

從衝突的真理中所產生的道德難題不可避免，在定義上是個病理的狀態，因為它的非此即彼的程式並沒有留容不施加暴力的空間。然而這種困境的解決方案並不在於自我欺騙的理由化暴力，甘地說：「我是個殘暴的先生，我把自己看成是她（妻子）的老師，並且以我對他盲目的愛而侵擾／壓迫她」（頁233）。解決方案其實是在把基底的敵意替換成為尊敬和關愛／懷的相互性。

寇薄引用的作為在道德判斷第六階典範，以及艾瑞克森原先想用來做為成人倫理感知模式的甘地，被一個拒絕忽／漠視傷害或者寬恕它所造成影響的道德判斷所批判。在否認／拒斥它的妻子躊躇於開門讓陌生人進來，和自己蒙蔽於成人初期性取向和誘惑的不同真實，甘地在他的日常生活中妥協了那個在原則上和在公開場合中他一再宣稱他緊密跟隨的非暴力倫理。

然而，為真理而犧牲人們的盲從意願，總是與一個苗生於生命／活中倫理的一個危險。這個意願把甘地和聖經舊約時代的亞伯拉罕相連結，他準備犧牲自己兒子的生命以便展現他信仰的崇高／優越和整合性。這兩個受限於他們父性的男人，對照於一個在所羅門王前含蓄的女人，她以放棄真理以便挽救自己孩子的性命以證明自己母性。艾瑞克森在批判甘地生平時，以犧牲關懷／愛的成人性倫理做為原則。

　　同樣的這一個批判也直截了當的在《威尼斯商人》（*The Merchant of Venice*）兩性對照中的戲劇性彰顯出來，在其中莎士比亞經歷了一段極為複雜的性別認同／身分，將一個男演員作了女性角色的穿著打扮，後來她又以一個男性法官的姿態出現以便替女性懇求慈悲帶來的正義男性基石。合約概念正義觀的局限性是藉／經由它文字上執行的荒謬性，當一直都有例外的需要被展示在戒指事物的對位性清楚的刻畫出來。波提亞在懇求慈悲（寬宥）時堅持／強調那個不會傷害任何人的解決方案，而當那個侵佔戒指又食言而肥／背叛承諾的男人被原諒時，安通尼歐（Antonio）也跟著放棄了他毀滅西外拉克（Shylock）的權利。

　　墮胎決定研究暗示了女人提出一個道德問題的特殊建構方式，她們把道德困局看成是互相衝突／對立的責任。這個建構依循了三個看法的順序，其中的每個看法都代表了一個對自我和她／他人更為複雜的理解，而且每個轉折都牽涉到了介於自私和責任的批判性重新／再詮釋。女人道德判斷的順序是從最先的活存考量，經由善良的專注最後到對於關愛／懷做為對於人際關係

衝突中最完整解決方案的反身性理解。墮胎決定研究展示了女人在道德領域建構中責任和關懷／愛的核心性，在女人思考中自我概念和道德的緊密聯繫／連結，以及終極的對於一個包含而不是排除了女人的聲音所開展的發展理論需求。這個包含看起來是絕對必須的，並不僅因為它解釋了女人的發展，而且它也挹注了對於兩性在個性／人格和成人道德概念前期的深入理解。

第四章

危機及其轉移

在《野草莓》（*Wild Strawberries*）電影中，老伊薩‧布若格（Isak Borg）的懷孕媳婦瑪麗安（Marianne），和他一起旅行到浪得（Lund），在那兒他要接受他行醫的最高榮耀／譽。但她是回來結束婚姻，因為先生艾伐（Evald）要她在丈夫和孩子之間作一個抉擇。她被一些**愚蠢極致的想法**所逼迫，因認為這老醫師能夠醫癒此一傷痕，她去找公公幫忙，希望能夠改善／變這種情況。然而她卻發現「**妥善藏在（他的）老式神韻和友善面具後面的**」是相同的「**死板的意見／想法**」，那個綑綁他兒子的抗拒，一個欠缺對旁人的顧慮／關心以及拒絕「**聽從任何人的意見，除了（他自己）**」。就如艾伐他清楚的宣稱他不想要小孩，他表示不「**需要（有個）責任來壓迫，我比我想要的多活一天**」一般，他的父親也不想介入瑪麗安的婚姻問題，說他「**一點也不在乎她／他們的死活**」並且「**對於受苦的人沒啥感覺**」。然而當在車裡時，布若格說到他和艾伐「**非常像。我們有自己的原則……且我知道艾伐理解、尊敬我**」，在瑪麗安回答：「**那或許是真的，但他也憎恨你**」時他相當吃驚。

這部電影開始伴隨著這老男人有原則的抽離，和這年輕女人努力維繫連結的對立觀點。同時建立在布若格的「**邪惡和恐怖夢魘**」和瑪麗安體認「**在任何方面依賴你將會是件很恐怖的事**」之間的連結，這是他老年期的絕望於家庭關係的持續性失敗。艾瑞克森（1976）應用柏格曼的電影做為分析生命週流的文本，他引瑪麗安做為催化變遷危機的觸媒。他把瑪麗安和柯兌利亞（Cord-elia）做比較，想藉由揭開那困擾但又解放關係的真理，把老人

的沮喪表面化，並以他不愉快的來源來面對他。同時他也展示了
這個面對是如何的擾亂布若格，藉以回顧在他生命中足跡的過
程，並到達那個他遭遇挫敗的親密關口，及其追憶和夢想的順
序。他檢驗的夢想在其中他忘卻了「醫生的第一要務是要求寬
宥」而他卻無法分辨一個女人的生死（是死是活）。檢驗員宣布
他「為歉疚感而有罪」。句子則是「當然的，寂寞」。由此而連
結現在於過去，布若格承認了自己的失敗（「我雖生猶死」）但
在這個作為中，他釋放了將／未來並轉而給與瑪麗安幫助。

　　把瑪麗安的角色界定成是打破那跨越比死亡還恐怖的死寂
寥，這個「有著她赤裸裸、敏銳觀察力眼睛的、安靜的、獨立的
女孩」，艾瑞克森以重複循環的力量確認了去關懷／愛的支配性
決定。然而在追尋那個他認為是成人生活力量的關愛／懷美德發
展過程時，他一再重複轉向到男人的生活／命中。由於生命週流
理論就如在影片中一般，沒有人訴說瑪麗安的故事，人們永遠也
不知道（無法得知）她是怎麼看到她所看到的和知道她所知道的。

　　在墮胎決定研究中，女人所描述的矛盾和瑪麗安所面對的情
境極為類似，而針對她們所說內容的分析也顯露了一個在理解責
任和人際關係中的順序。這個藉由針對墮胎選擇的不同觀點比較
所產生的順序，是按照考量在女人的思想中所表現出來（不同看
法）的差異／衝突所邏輯地建構起來的。但是雖然我們可以經由
比較性的分析和按照思考邏輯刻畫出一個成長的圖表以說明其中
的區別，唯有經過時間才能追尋／發現發現的軌跡。因此，經由
時間以觀看女人們的生活／命，我們有可能在一個很基礎的層面

上去檢驗是否由理論所說明的發展符合在日常生活中的真實情況。在第二年年底所完成的比較墮胎決定時所做的訪談和研究，我以危機的擴大來顯示發展轉換／化的過程和描述變遷的模式。我引用皮亞傑（1968）的作品及艾瑞克森（1964）的研究成果，並以皮亞傑的作品標定衝突做為成長的因素；而艾瑞克森則以圖表顯示，危機所造成的成長說明了一個強烈的脆弱感如何表達潛在的力量，同時也製造了一個成長的危險機會，「**一個或好或壞的轉捩點**」（頁 139）。

我找了二十三位女性做後續研究，其中二十一位答應參與。問卷的形式與在墮胎決策中的所使用的非常接近。雖然有關墮胎決定的討論是自省式的，但問題／項都是在選擇女人對於她自己、和自己生命／活的看法。在一個為了測量歷年來事件和改變方向並植基於女人所自述的對於自己人際關係、工作和對自己生命／活感受所建構的生命成果／就量表中，八位女性的情形好轉，九位並沒變化，而四位是每況愈下（Belenky, 1978; Gilligan and Belenky, 1980）。

在這個研究中的女人是那些被認為因懷孕而觸／激發了危機，並隨之遭遇挫敗的。這個境遇的悲傷和變遷過程中所經驗的失落凸顯了危機自身以及顯露出人際關係的重要性。正如懷孕代表了責任概念中最重要的連結一般，墮胎也製造了一個難題，在其中不可能對於她／他人和自我絲毫沒有影響。在強調相互依賴的現實和決定的不可逆轉性，墮胎的矛盾強化了從事實上人際關係當中所得出的責任和關愛／懷的議題。追尋暴露在危機中所成

就的發展過程時，佛洛依德把壓抑下的身體和地板上破碎的水晶做了一個比擬／較，「不是成為一個有短小連結的碎片（而是）根據它自身的稜線破碎而看不見，但由水晶結構所（先前）決定的殘缺物」（1933，頁59）。在把這個隱喻拓展到在壓力之下關係的考量，我請讀者注意人際關係折斷／破損顯露了它們的樣態，暴露了在概念中道德和自我概念在連結到身體中的結構。經由時間針對女人所做的探討，刻畫了在轉換中危機扮演的角色，以及在對於挫敗的體認中強調了成長和沮喪的可能性。貝蒂和沙拉的研究申論了在一個關愛／懷倫理發展中的轉化。在對活存的關切轉變到善良，再從善良轉化到真理／誠實，是在這兩位女性所經驗／歷時間的流動中發展。這兩個研究都說明了危機在打破一個重複循環的潛力，並暗示危機本身有可能是回到了一個先前所錯失的成長機會。這些對於轉換的描述是跟隨在絕望的敘述之後，是女人在找不到對於「為何要關愛／懷」解答後的道德虛無主義實例。

當她在只間隔六個月之後第二次去墮胎時，貝蒂才十六歲。對於重複墮胎情形的關切使得諮商員在她去的當天並沒有准許，而是推薦到墮胎決定研究以便提供她一個反思她自己決策以及明白她在做什麼的機會。雖然貝蒂的遭遇，一位有著墮胎失序行為和行為矯正學習記錄領域的年輕成人，展現出偏激／極端的日常生活形態，墮胎的決定卻也像是在稀疏的生活／命中點燃了改變潛力的火花。它同時也描述了標示從*自私*轉化到責任的從存活的顧慮到善良的思考轉換。

在第一次訪談時，貝蒂以表明第二次懷孕就像第一次一樣的不是她的錯做為開端。在獲取避孕措施／藥上覺得無助和失能，因為她自己沒有錢而且覺得似乎要得到雙親的許可，她也無法對付男友的持續騷擾。最後她屈從／服在男友虛無地說他知道自己在幹什麼，並且不會讓他懷孕的保證，而且她也自認為若拒絕了他，男友就會和她分手。由她曾向母親和男友要避孕措施而未果，貝蒂解釋說她之所以又懷孕是因為沒人願意幫忙。現在希望當初有避孕措施，而且把它當成是別人的責任，貝蒂說在剛發現自己懷孕時，她簡直就是手足無措：

> 我想自殺，因為我就是無法面對現實。我知道我要墮胎。我知道我不能有小孩，但我真的無法面對還要經歷（再一次的墮胎）的事實。

她所意味的是上一次墮胎時身體／生理上所受的痛苦。

她之所以在和男友分手上猶豫不決，是因為他對她和所有的人都不一樣：「他為我做了一切（那些事呢？）跟我保持聯繫／打電話給我、接送我、帶我去想去的地方，買香菸，以及在我想喝啤酒的時候買啤酒給我」。由於她期望只要自己繼續和他上床（保持性關係）男友就會一直滿足她的需求，因此在她發現「在我和他上床之後，他只是對我頤指氣使（他只准我做他想要我去做的事），我只是像個妻子而不是女友，我一點也不喜歡那樣」時她是極端失望的。把關係描述成為一種交換，貝蒂下結論說男

友「一心只為自己」，只顧著滿足自己的慾望而不管「我想要更自由一些」。也對諮商員表示憤怒，因為她阻斷了自己墮胎的願望，但她還是覺得諮商員「只是想確定在我離開的時候我的心情還是穩定的。我想那是好的，因為至少她們還在乎（我的死活）」。

也許部分是因為這種關懷／愛的展現，貝蒂開始回顧／反思她照顧自己的方式。提到也許懷孕是她自己的錯，貝蒂把這歸因為她沒有傾聽自我的聲音。她聆聽別人因為她認為那會讓自己「發洩一些東西，或者使事情好轉而不再讓它們來煩我」。但由於這些理由曾經為她的經驗所辜負，她開始反省那些曾經導引她思想和行為的前提。她只以生理上的痛楚來看墮胎、她希望保持懷孕的秘密只為了避免那不正經的惡名、她只關心保持自身的自由，而不是在一個看起來剝削和充滿威脅的世界，公眾事物顯示她對自身慾求的專注、一個在其中她覺得孤獨和沒人理會世界中掙扎著尋求自己活存的保證。這種建構社會真實的方式在她證成漢茲偷藥的難題中活生生的表現出來：

> 藥商在訛詐／欺負他（漢茲），而他的妻子病危，因此藥商活該倒楣（藥被偷）。（偷藥是正當的嗎？）也許，我認為人們在生活中所努力爭取最重要的事就是存活。我覺得那是最重要的，比偷竊還重要。偷竊也許不對，但如果偷了或甚至殺戮你才能有活路，那就是你該做的。（為什麼呢？）我認為保存自我是最性命攸關的事，它在生命／活之中被排

在最優先的位置。對許多人而言性是最重要的，但我認為把
老命保住是最重要的。

貝蒂在她所描述的人際關係中，有關活存重要性的顧慮反
應／映了她自己被收養以致於存活顯得岌岌可危的經驗中。貝蒂
對於自己脆弱存活的感受，在她把決定墮胎的重點從自身轉移到
孩子身上時就分外的明顯。這個轉移是以在她說「在我的情況
裡，墮胎是正確的事，如果有人正在就學或者必須上學」時出現
的道德語言所標示的。把她自己需求的考量轉移到一個她認為父
母親期望她上學的觀點，使得她可以把道德的考量從她自身轉移
到孩子身上：「有個小孩對我而言是不公平的，但這對小孩更不
公平」。

在上次她因搭便車遭強暴而懷孕時，她「實在受不了有小孩
的想法」，但是這次她「有許多的顧慮」。她對於公平概念的使
用顯示了她考量的道德本質，那是從她對於小孩和她之間連結的
體認所茁生的：

> 想到小孩讓我覺得有點奇怪，因為我是被收養的，而我
> 的想法有點像是我媽媽不要我，要不然她也不會讓我被別人
> 收養。但我又想，如果我想或者實際上去墮胎的話，那也會
> 給我一個很奇怪的感覺。

把現在和過去連結，並且將心比心的以自己對孩子的感覺對

照於自己所曾經有過的，認為自己是個沒人要的小孩，貝蒂開始
思索她生母對她的感情，希望也許她自己是媽媽想要保留的，但
媽媽「**真的愛那個傢伙但卻無法照顧我**」。

　　但在把看法移轉到跨越世代時，貝蒂同時也預視自己有能力
成為一位可以照顧孩子的母親。經由一個公平的觀點，她剖析了
自己能給與小孩她自己所希望得到的：「**我認為如果生下一個孩
子而無法給她／他一個母親（無法有母親從旁照顧）是不公平
的**」。在想到孩子時，她同時也以一種嶄新的方式想到自己，經
由懷孕的連結而理解到照顧嬰孩也就是意味著照顧她自己：

　　　　在許多方面這次懷孕對我有好處，因為我不再嗑藥和喝
　　酒，而這是三年來我第一次停止這兩件事。現在既然停了，
　　我知道我可以做到，而且我也完全戒掉它們。（**懷孕是怎麼
　　幫你做到這些的？**）因為當我在剛懷孕時，我不確定我要做
　　什麼，而在確定了之後，我想「**這次是我的錯，我得把小孩
　　留下來**」。接下來我就把酒和藥都停掉了，因為我不想傷害
　　小孩。然後又在過了幾個星期，我又想了一下就說「**不行，
　　不能有孩子，我得回學校去唸書**」。

　　正當貝蒂基於她不要傷害嬰孩而開始照顧起自己時，她想回
去學校的感覺也由「**想到有個小孩，但沒有學歷、沒有任何工作
技能**」所促發。體認到若她沒有任何支持是無法撫養／照顧孩子
的，以及覺得孩子可能已經在懷孕確認前被她所使用的麻醉藥品
所傷害，貝蒂看到了她在照顧孩子之前必須先把自己料理好的需

要：「我想我得開始好好的照顧我自己。遲早你得下定決心開始照顧自己，要做自己而不是人云亦云的做別人要你去做的事」。

　　在一年後的後續訪談中，自我中心考量的語言消失了，而在貝蒂有關於她自己和孩子的言談中，一開始清晰的人際關係和關懷／愛的詞彙，現在拓展到她對自己生命／活的描述。從對於活存顧慮轉移到對善良的考量，也就是標示了她思想中由自私到責任的轉換是和貝蒂生命／活的一年裡所發生事件的變化相呼應。

　　在回想剛墮完胎之後，她敘述自己經歷了一段沮喪的日子，同時她又因喪失了一隻小狗而充滿了失落和哀傷，她整天待在家裡看電視、和媽媽吵架且胖了許多：「我胖得不可開交，而且沮喪到無以復加。我整個冬天都待在家裡，我完全不想出門，我羞愧得不得了」。但在六月時變化就突然發生了：

　　　　我告訴自己該失去的都失去了，對我來說那是個巨大的變化，因為我胖了好多年。我從沒想過穿好看的衣服是什麼樣子，我瘦了。我覺得自己活力四射，因為許多人都想跟我約會。那是我第一個穿得下泳裝的夏天。

　　這個戲劇性的變化開始於孩子該被生下來的時候，如果先前貝蒂繼續懷孕的話。這天就像是對許多其他女人一般的被證明為是個重要的日子，標示了危機的解除／消逝和一個不論是好是壞的轉折。對於在研究中的女人來講墮胎決定標示了一個進階發展的開始──一個責任的新前提，一個對真理的面對──這一般都

是沮喪結束，好像懷孕的過程（時間長度）顯示了一個哀傷的自然時段，而它的完成造就了那些可以顯著改善女人生活／命的活動。以她們自己的語言來說，她們的選擇代表了一個撤／抽離，而此刻（做墮胎決定的時刻）是所有事物都支離破碎的時候。

對貝蒂而言，改善是極為顯著的。在與家人、學校和社區多年的不良關係後，她在第二次訪談時於當地的一家補校就讀，同時也積極參與學校社區生活和熱切的做她份內的事務。她與一個新男友有著穩定的關係，一個與她先前所描繪的充滿了壓迫和剝削截然不同的互相關懷／愛和情感交流／融的新關係。隨著學校的鼓勵（建議），她也準備下個學年申請當地的社區學院就讀。

貝蒂在道德理解上的改變，清楚地在對漢茲難題的反應中表現出來。她現在認為漢茲應該偷藥「*因為他妻子性命垂危，而他深愛妻子*」。雖然她解釋說她會「*和以前一樣的回答*」就像是她先前對墮胎的選擇一般，但她證成的結構確有了根本性的變化。先前她強調活存的優先性，現在她則著重人際關係。她以前提到人該得到的，現在她則引用歉疚的概念。漢茲應該偷藥「*因為他愛妻子，如果她死了，他會覺得他可以幫她做些事，但他卻沒有*」。因此原先她視為是在一個每個人都被欺負的剝削世界中，個人用來保護自己的安全現在則成為依賴別人的人際關係，且以愛和關懷的方式表達。

貝蒂在道德判斷上的轉化和她在自我概念理解上的改變息息相關。在第一次的訪談中她描述自己是*有點難搞（不容易相處／接近）、一廂情願、衝動的和很容易被操縱*；在第二次的訪談

裡，她說「我覺得我是個喜歡挑戰的人、我熱愛學習、我鍾情於有趣的事務、我很敏感」。當被問到她是否認為自己在觀看自己的方式上有所改變時，她說：「沒錯。現在我很關愛我自己，以前我根本不在乎。我曾經討厭所有的事情，現在我有個比較好的態度，現在我認為我可以改變許多我覺得我完全無法改變的事」。再也不覺得自己是無力的、被剝削的、孤單的，和被危害的，貝蒂益加覺得可以掌握生命／活之中的事物。在一年當中情勢有了**戲劇性的轉變**並讓她覺得她可以**在生命／活之中有所成就**。

就如道德的世界取代了一個人人都被欺負／訛詐的世界般，互相性的世界繼承了在人際關係上原來是**單向的**。雖然貝蒂記得懷孕是一段**苦日子**，她卻也覺得也許「用血淋淋的教訓學習比較好，因為那樣妳才會記住，妳才會真正的學乖，它讓妳永遠記得教訓」。

因此在貝蒂的生命／活中，第二次懷孕把過去的矛盾表面化，並且暴露當下的衝突。墮胎諮商員的介入，以她強烈的關愛干預了重複墮胎出現的模式，並給與貝蒂一個思考和反省的機會，啟動了一個臨床的危機也催化了一個發展的轉化。那個兩次訪談之間的一整年是以一段時間的悲傷、解組和沮喪所標示的成長過程。

在年終的第二次訪問時，貝蒂展現了對她自己過去遭遇的嶄新理解和一個截然不同展望將來的方法。過往的衝突是被以一個能讓她討論成人初期發展議題，在她和家人、男友和在學校社區的關係，以一個負責的成人方式分析一個清晰自我概念方式提

出。雖然第二次懷孕拒斥了過去和刻畫了向外行動的重複現象，但它也同時往前看，讓貝蒂面對那對她發展極為重要的責任和關懷／愛的議題。

寇爾士（Robert Coles, 1964）觀察到當展現出一個面對繼續發展的阻礙機會時，危機會導致成長。為了說明這個論點，他描述一位雙親**嚴重精神失調**並生活在貧窮中的青年黑人約翰・華盛頓（John Washington）。在華盛頓自願去參與打破亞特蘭大學校的種族隔離的志工時，他在極端壓抑的情境中開始了朝向成長的進程／展。當寇爾士問他什麼因素讓他得以成長，約翰說：「**學校幫助了我，它讓我變得前所未有／難以置信的堅強，現在我確信我永遠也無法忘懷。我從今以後會成為一個不同的人**」（頁122）。

有關發展的產生是經由壓力的遭遇，衝突提供成長機會的論點是寇爾士分析架構的核心。在不同壓力情境下，貝蒂表達了一個類似的觀點。在比較現在和過去時，她說：

> 現在我對生命發展的方向真的很滿意，和去年相較它變得如此之多也變成如此之好。我對現在做的事很滿意，早晨起床後我就上學。我曾有一年半什麼事都不／沒做，生命是一片死寂。我不知道自己在幹什麼，現在我覺得好像知道我的方向，我知道我對什麼有興趣。

隨著危機的解除，貝蒂紮實的投注在生命／活當中，視自己

是個有方向的人，對於關懷她／他人和自我肩負著責任。

糾西，一位在想法上說明了從自私到責任轉折的十七歲女孩，也在墮胎決策之後報導了類似的改變。在第二次訪談時，她也「變了很多，因為我吃很多藥和做很多奇怪的事，我和雙親、法庭和社會之間有許多問題。那有點像是我所經歷的一個階段，現在回頭來看，我不知道自己是怎麼搞的。它有點像是我從那裡長出來。有時候我還是會有些問題，但已經和以前不同了，而且我再也不嗑藥了」。她也回學校與一位老師一起寫一本有關年輕成人的書籍。但她在回顧墮胎決策的描述裡暗／預示了第二種看法。在第一次訪談時她宣稱墮胎決策並描述那是個**負責任的**而非**自私的**選擇，那是她變成「**更成熟的以實際考量做決定並且照顧自己的方式**」。在第二次的訪談裡，她說自己是「**被逼去（墮胎）**」而且她「**沒有其他選擇**」。就像貝蒂一樣，她在墮胎之後嚴重的消沈了一段日子，但在之後生命／活就有了戲劇性的改變／善，她也陷在自己把墮胎看成是個負責任的決策，但傳統的觀念卻把它詮釋為一個自私矛盾的選擇。

她說她是反墮胎的，但接著又說那個陳述是**虛偽／偽善**的，她也抨擊那些「**說那是謀殺但卻從來也沒懷過孕，而且沒有人幫助脫離困境又沒有錢**」的人。她解釋道如果有個孩子，她自己就「**得在往後六年依賴社會福利為生，而孩子也沒有父親**」，然後她就不知道「**那到底有沒有道理（划不划算）**」。同樣的，她也不知道是誰在做決定。「**我想在一年之前我會說那像是我所做的決定，從某個角度來說那的確是我做的決定，但我並不確定**」。

視自己現在是善良且負責的，紏西不想自己是自私且邪惡的人。
就像貝蒂在第二次訪談時說「在訪談墮胎時，我不知道該怎麼
想，不知道那是什麼」的一樣，紏西也不知道墮胎是個自私或負
責的選擇。當轉折的洞見逐漸轉換到二分法中的第二種觀點時，
紏西無法決定墮胎在道德上是錯誤的或者那讓人覺得是可行的。

　　沙拉，一位活潑且在第一次訪談時熱切關懷生命的二十五歲
女性，在描述她自我挫敗的經驗時是聰慧、平和且悲傷的。與同
一個男人懷孕且面臨二度墮胎，她看到了這段關係中的無望／絕
望性。由於她是在男人離去後才發現第一次懷孕的，她覺得第一
次墮胎「幾乎是個愉快的經歷，就像是把那個人排除出我的生
命／活一樣」。然而，這一回「事實上這個嬰孩的出現就像是晴
天霹靂一般」。她所面臨的危機也是由於愛人的催促，若她不去
墮胎他就會離去。

　　認清自己無法獨自一人並在缺乏情緒／感和經濟的支持下撫
養孩子，沙拉面對自己的情境並且開始回顧過去。她夾纏在視自
己為善良和負責的看法，和她覺得自己在第二次墮胎上是不負責
任和自私的信念矛盾當中。然而，她的思想看起來更像是負責任
的事，也就是以留下小孩作為自己所犯錯誤而付出的代價，突然
之間也自私的——讓一個小孩誕生到世上來以減輕我的罪惡感而
益加複雜化。在這些明顯的衝突中，她無法找到好的或者自我犧
牲的解決方案，因為不論那一種方式都可以被解釋成她做那件事
不但是為了她／他人，同時也為她自己。

　　但在面對那個由她愛人排除孩子所催化的選擇時，沙拉注意

到了她對自己的排除。關注到她以自我犧牲所維繫的關係／感情
卻無法保留／維持一個孩子，她轉換了對情境的視野並且以一種
新的看法以把懷孕不但當成是個挫敗，同時也是面對真理：

> 那是個壓力很大的情境，並且使得我（和孩子父親）關
> 係中的許多問題，在這段日子裡一直折磨著我，而且好像是
> 永無休止的問題浮現出來。而現在，哇！它像是個妳完全藏
> 不住的全景／迴轉畫。我很抱歉。因此妳可以說那變成了一
> 個好兆頭的光景。

　　由於懷孕顯露了關係的不可及性，沙拉把它看成是吉兆，一
個改變的儀式；但因為它又表示了一個可存在的孩子，它也成了
一個追悔的場合／情境。對沙拉來講結束孩子生命的負責方式也
代表了她對自己的負責，替她自己進入自己的道德關懷並且面對
她關係中的實情／真相。在如此做時，她對於自己身為承擔他人
不負責任行為的善良受害者的行為提出質疑。與此一先前自我形
象相對的是，她明白了自己具有比先前所理解的更有能力並且*知
道怎麼回事*。

　　對沙拉而言，面對她挫敗關係的模式意味著不僅在處理她過
往的殘餘，也就是她雙親的離異和她將母親的影像視為不停自我
犧牲由之所生的罪惡感，同時也在面對現在有關判斷的問題，她
是以誰的標準來指引和丈量自己的生活。提到了她「*厭煩於屈從
在別人所訂的標準裡*」，並以她也認同的桂格教派理念強調「*沒*

有人能強加任何事在妳身上，因為妳的第一要務是聽從妳（自身）內在的有關於什麼是對的的說法」。但當內在的聲音取代了外在的並成為道德和真理的專斷者時，它把她從別人的高壓中釋放了出來，卻同時也把判斷和選擇所生的責任變成了她的。

最終極的選擇是墮胎：「妳如何對殺死一個生命負責」？但同時妳如何可以把小孩子生下來只為了「減輕自己的罪惡感」？沙拉的**轉捩點**發生在她明白在這個情境中妳不可避免傷害別人同時也傷害自己，因而就此意義而言沒有一個*正確*的選擇。看不到一個不會造成衝突，沒有不排除的方法的解決方案，她終於發現了自己先前思考模式中對於這個案例／難題範疇的局限／限制。因此沙拉重新思索自私和責任之間的對立，明白了這個對立無法代表／再現在孩子和她之間連結的真理／實情。下結論說沒有排除任何人並包含自己必須性的程式，她決定了在她現處的境遇中，墮胎是個比較好的選擇而她也同時了解如果情況改變的話，選擇也會跟著有所不同。

雖然沙拉在此危機之中能夠以一種嶄新的方式看她自己和她的生命／活，但這個視野的理解是跟隨著一個不同的途徑獲致。因為她希望結婚和生小孩，她依附在懷孕上；而懷孕的終止就代表了一個嚴重的失落。沙拉生動地描述了這哀傷的過程，她在六個月後打電話給我說因為她要離開了，也許我可以利用機會在她離開之前訪問她。最後的結果就是沙拉的第二次訪談就發生在如果沒有墮胎，懷孕期滿的時候——也是在其他女人的報告中是個解組和壓力很大的時刻。

當沙拉出現在第二次訪談的時候，和她先前所展現的明確的活潑／生動判若兩人，她顯得挫敗、嚇壞了、而且憔悴得不成人形。她說她經歷一個巨大失落的困頓時光。在墮胎之後，她生了一陣子病，沙拉把生病歸咎於和男友拆夥、辭職和搬家這**一大堆一團糟的事情**。但在經歷這些波折時，她還是專注在真相的議題上，揭露導致危機和最終促使她坦然面對自己的那些事情：

　　　　我想懷孕是接近一個清楚有意的決定，我常想要孩子，夢想要有一、兩個，那是我真正想做的事。每當我有性行為時，我總會想到「嗯，懷孕也滿不錯的」。所以那幾乎可以確定是有心所造成的意外。那（懷孕）幾乎就是我故意造成的。

　　明白了自己的目的是在一段她早知會有什麼結果的交往關係中強加奉獻／執著的議題，她自己也了解她原先是誤把實情和自我欺瞞混淆：

　　　　懷孕真的把這些逼得浮出檯面。如果我沒懷孕，我可能有個其他的解法，因為有關於這段感情的所有問題是清楚到連我自己都再也無法騙自己了。而我卻已經是這樣好幾年了。所以懷孕發揮了它的功能。然而從另一方面來講，我真的不想懷孕，不是更深的陷入情感或者是一刀兩斷，可是我是真的想要個小孩，到現在都是。

最後的結果是**現在我失去了許多**。

在第一次的訪談中沙拉自述她是努力的藉著以**勤奮和忍耐**等唯有導致失敗的美德，以間接的方式希冀別人來對她的需求做出反應，但她卻是**精疲力竭的且挫敗的**：「我得停止這麼做了。不可以再這麼下去了，現在我已經重複了好幾次相同的錯誤，該是到此為止的時候了」。在第二次訪談裡，沙拉所描述的自我終於支離破碎：

> （**妳如何描述妳自己**？）我不知道。我會說我終於全力奮起了。我覺得所有的事都爆掉，之後我就拼老命的想恢復原狀。雖然現在我覺得至少在生理上比之前都要好些，因為我決定了（要離開這個城市）。我剛剛才想到在我打包的時候我覺得好諷刺。當妳要離開某地時所想到的重要事情是妳的身體將去一個不同的地方，當然東西是跟著妳的身體，但在感覺上好像是東西比我重多了，因為那是我僅剩的。我覺得我被打趴在地上非常失落，而且我覺得好倦、好累。看起來我丟到貨車裡的東西比我自己還要重（要）。我想：「**妳在生活中所塞的垃圾比妳自己放進你自己身體中的東西還多樣**」。

因此沙拉傳達了她所有的、擁有的感覺的消逝，留下不成系統的一堆碎片、一個軀體和一車子的東西，和她零零散散的自我。回顧墮胎，她發現那剔除了她的理解，她再也無法找到一個可以由那個決策所引發的思考和情緒／感情的方式：

身為一個女人又懷孕，那是妳無法否認的事實，妳無法解釋說沒事。在世界上有許多好的理由。我確定我做了對的事情。（若不墮胎）孩子和我都會像是生活在地獄裡。但是我不知道妳明不明白我真正的意思，因為我自己也不知道該怎麼表達我心裡面的想法。我說的理由總是沒辦法完整的解釋清楚。那其實是整體並不是所有個體的總和，當妳一個個看的時候。當妳把知道的部分一片片拼湊起來時，那妳沒有參與的部分，我也不知道那是什麼，但就是在妳要把事情還原的時候，就是沒法（解釋）。

在試著去發現那散落四處事件的整體性時，沙拉表現出轉換的時刻，在那老的和新的觀點之間。再也無法以自己的經驗符合理解，無法對導致此一現象知其所以她終於到達了一個所有她感覺失落的危機關鍵。一種悲傷和失落的情緒／感覺充塞在第二次的訪談中。它浮現在她的陳述中，在她想到要離開她的城市時，「它總是讓我覺得我留／流了個孩子在這兒」。那也出現在她的情緒中「我錯置了一樣東西，然後我又想到『妳把孩子留在城裡了』」，而她也相信「將來如果我有三個孩子，我也會覺得我有三個孩子還有兩個沒跟我在一起。我有五個孩子，而這裡卻只有三個」。

對沙拉來講記憶的重要性並不是在於重複過去，因為她把第二次墮胎歸諸於事實上她並沒有真正的面對第一次的墮胎。感受到真的很傷心和再也無法掌握了，她「騎在老虎背上，簡直就是下不來。這整個夏天都真正是一團糟／亂」，一段「巨大的個人

困頓的」時光、解組失序、悲傷、危機和哀怨——然而也同時在
她眼中一個改變的契機。

在墮胎後一年又回到城裡，沙拉第三次來談話，在提到了改
變並描述那像「一個視覺的東西——就像是繞了一圈，回到我從
頭開始的地方」。這個旅程是從十二歲當他開始視自己為在家中
一個分裂的人：

> 我的童年期是乏善可陳的。那就是個再也平凡不過的童
> 年。在那個時候，也就是我十二歲的時候，我下定決心。突
> 然之間我把自己當成是整個家庭單位之外分離／裂的一個人，
> 從而我對自己所喜好的事物有著極為敏銳的感覺，那種我家
> 人認為不好但我卻覺得很好的事，而且我也不會變成媽媽以
> 為我會變成的那種人，那種建立在她一輩子一直告訴我她所
> 期望（於我）的那種人。因此我需要做的是不和家人起衝突，
> 和平共處一直到我能離開家裡為止。有點像是各安其位彼此
> 容忍，而那就是我做的。

在父母離異之後家中的混亂情形更加複雜化了，沙拉的發展
留下了纏繞在她成人前期的成長主題，引發了那後來她想以自己
的方式去解決認同和道德的問題。由於「試了許多不同的生活方
式」，她想去找出／發現生命／活中有價值／意義的東西：

> 我就只是想把所有別人教給我的道德概念全部扔掉，並
> 決定什麼對我自己而言是最重要的。而我也在想若在這裡面

有錯失，像是我把它丟出窗外然後說「去你的」，但之後的
幾個月很痛苦，因為缺少了那些玩意。那我就知道那個東西
是重要的。因此就丟掉所有的，然後把我要的東西撿回來。
我有點像是讓自己大吃一驚，因為我回來了，當然不完全是
媽媽要我過得一模一樣的日子，但卻是比我想像的要更像。
那的確是很有趣的，因為在回顧這一切時我想到「嗯，我可
從來沒想到我會弄成這副德性」。

　　以更為自信和清晰的方式重述她內在語音的發現，她說自己
先前的決策「植基在別的地方。我不知道在那裡，但它就是從別
的地方來」。相對而言，現在她覺得「和我自己的內在有非常良
好的連結。我感覺自己前所未有的強壯，真正能夠掌握／控我的
生命／活，絕非隨波逐流」。當沙拉描述她隨心所欲的感受時，
她的代名詞也從它轉變為我，標示她終止了隨波逐流的時光。沙
拉在第一次訪談時批評自私和責任的對立。明白了在導致她挫敗
事物上也有著她自身的參與和她尋求回應失效的事實，她把墮胎
的決定視為是個包含了她的自我，而不是個把她排除在考量之
外，而且是在考慮了她自己和別人的需求後決定什麼是最好的。

　　但在把這個洞見整合入沙拉生活／命，由危機所催化的轉折
製造了一個冗長且痛苦的過程將近一年。在經歷了此一經驗之
後，她變得了解如何反思：「我注意到了我身處的境遇，我做選
擇的方式以及我所做的事情」。現在她執著於把自己的生命／活
建立在一個更紮實的基礎上。用一個在她工作和人際關係中看來

令人驚異的古老智慧說出：「妳自己製造了這個危機所以妳得自己面對處理它」，她把她發展的樣貌從一個圓變成一個螺旋，因為繞了一圈意味著「在相同的地方成長」而在螺旋中「取代回到原點，妳變成保持原來的位置，但是卻到了不同的地方。妳有進步，而那就是我覺得我所經歷的」。

在沙拉生活／命以及她所感知的自我變遷可以類比／平行於她在道德判斷上所經驗的那種從負面到正面的轉化，從「決定誰會失去最少和受到最小的傷害」到導致關愛／懷和尊敬她自己和別人需求的熱愛。先前她把道德等同於守法，但在同時也把法律以愚蠢拒斥。現在她提出了一個以是否它傷害了社會以及是否它在追求熱誠和尊敬上設置路障的方式，以做為判斷法律的基礎。當她的判斷從傳統的型態，在其中正確／對是由她／他人所界定而責任也依存其中的模式，轉變到反身性的型態而其中要求她對自己負責任，她的行動也跟著從撤離和反叛的立場，轉化到在工作和人際關係之中的執著／奉獻／激情。

像貝蒂一樣說明危機可從已有發展轉化的潛力，和展現如何將挫敗的體認顯示一個新方向的發現。然而危機的轉振點也包含了虛無主義和沮喪的潛力。沙拉對於發展的意象，也就是經由一個上升螺旋改變的進展，而在最後使她以一種嶄新的方式看待以往的事物和安的挫敗形象，她打轉的感覺和喪失了我以前所擁有的自信剛好成了一個對比。這個意象出現在與安的第二次訪談中，那個刻畫出第一次轉折無力感的女人，並傳達出她自己覺得好像「愈混愈回頭，而不是朝著新的方向思考／去做」。在之間

的一年裡，她眼看著自己的生活／命分崩離析。目睹關係結束和輟學，安覺得他失去了**過日子**的能力。

　　這種沮喪的情緒由一位十五歲的女孩麗沙所呼應，她相信男友的情愛，讓步於他**不要謀殺他的孩子**的願望。但在她決定不要墮胎之下，他卻離開了她並且**毀了我的生活**。孤獨的在家照顧小孩，依賴社會福利作支持、和父親脫離關係以及被男友拋棄，她變得面目全非／自己都不認識自己：

　　　　我已經不是一年半前的我了。那時我非常快樂，我再也不是自己了。現在我覺得失去了所有的朋友，因為我是另外一個人了，我不是我自己。我不喜歡自己，而且我也不確定是否其他的人也是這樣。我不喜歡我現在的樣子。那是為何我如此的不快樂／鬱卒。在有小孩子之前，我是自由的。我有許多朋友，我是個充滿趣味的人、我快樂，我享受許多事物，而現在一切都不同。我很孤單，我很沈默，我再也不像以前一樣了。我完全／整個變掉了。

　　以前她描述自己是**友善的**，現在她說她是混淆的，因為「**男友離開了我不知道該怎麼辦。我還是愛他，不管他做過什麼，而那真的讓我很困惑，因為我不知道為什麼會這樣**」。身／深陷在沮喪的惡性循環中，無法回去學校，沒有學歷就無法在經濟上獨立／支持自己和孩子，「**對所有的事都很困惑，因為我心裡實在放不下他**」，她無法理解為何一個愛的舉動會導致如此失望和挫敗。

索非·托爾斯泰（Sophie Tolstoy, 1865-1928）做了相關的連結並得到了看起來符合邏輯的結論：

> 人們總是告訴我，一個女人必須愛她的丈夫，要貞節和做個好妻子好母親。他們從最基本的書裡就都在寫這些，而這些全部都是胡說八道。該做的事是**不要去愛**，要聰慧和狡猾，並且隱藏你所有的弱點——就像沒一個人有缺點似的！而且最重要的事情就是**不要去愛**。看我因為深愛他而做的這些事！那是痛苦和恥辱的；而他卻只認為我很傻／愚蠢……我只是個有著孕婦晨吐、臃腫的肚皮、兩顆蛀牙、壞脾氣、嚴重受傷自尊、一份幾乎讓我抓狂沒人要的愛的動物。

道德虛無主義是女人尋找或實施墮胎在切除她們的情緒／感覺和關愛／懷所下的結論。把道德意識型態的語言翻譯成為人際關係的日常生活詞彙，在一個強者終結人際關係的世界當中，這些女人們自問「為什麼我要在乎／關愛」？懷孕並希望在一個拓展的家庭連結網絡中，她們遭遇了先生或男友堅定的拒絕和排斥。把自身的關懷／愛建構成為弱點並且將男人的位置認同為強壯，她們下結論說強者不需要道德，而唯有弱者才會在乎／關心人際關係。對女人來說這樣的墮胎建構成為她是否強韌的一個測試。

在女人到達此一關鍵點的故事是以許多不同面貌所展現的。它們的共同主題，就是她們都被別人拋／放棄，而她們的共同反應就是自己放棄自己。芮斯扣林考芙的形象是由一位女學生所促

成的，她獨自一人住在一個小房間裡，並且在小孩該生下來的時候生病了。把墮胎說成是個謀殺的舉動但卻是個她絕不後悔的行為，她在第二次訪談中說「**殺人的方法有許多種，我還看過比死更慘的事**」。她的愛人在她懷孕的時候說她絕對不能**倚靠他**。她自己把墮胎想成是個**自私**的決定。墮胎到底是誰決定一直不清楚，因為她曾在第一次的訪談裡說她會去墮胎，她指出「**唯一能夠讓我改變主意的是有些想不到的事發生，而且我們還會在一起**」。

因此她認為過去所發生的事不是我的錯。把墮胎描述成「**把我從一個我有強烈感覺和需要的東西分離開**」她並且認為自己雖然該負責後果，但卻不能被要求負做決定的責任。也說是說她認為她自己該為「**在我必須做決定下有人要被犧牲**」負責。然而在明白自己是**和孩子連在一起並且她的世界變得好小**，她並不確定是誰（**或者沒有人為此**）付出代價。她想要「**說我做過的事，但殺戮的方式有許多種。若我不如此則沒有任何事有意義，每件事都是（個人的）一廂情願，沒有真實的事，而妳就喪失了任何負責任的感覺**」。把自己描述成是在別人的指引（**聽命行事**），其實是不是她做的決定並不是很清楚／確定的。她說她是「**上了賊船，做任何其他的事就是瘋了。妳怎麼可以把孩子生到這可怕的世界來**」。專注在她對別人的責任，她卻忘了如何對應自己。

在另一個版本的虛無論中，一位二度懷孕的已婚妻子去墮胎，因為先生說若她不做他就會離去。認為他應當負責，她已變成徹頭徹尾的白痴去執行了他的決策，然後重複同樣的過程又懷

孕又去墮胎。但在第二次時，她先是做了個要保留孩子的決定。然而她的先生卻在那時說他不會離開，她就明白了自己是多麼不必要在上一次背叛自己。這個體會導致了她第二次的墮胎，使她可以用一種完整照顧自己和她四歲孩子的方式來結束她的婚姻關係。

對這些女人而言，道德環繞在關愛／懷上，但缺乏從她／他人而來的關注下，她們無法關懷一個孩子或者她們自己。關鍵的議題是一種責任，而生命本身被視為是依賴著人際關係的網絡。批評那些強調個人權利甚於責任議題的人，一個女人把墮胎的矛盾界定成為是會產生強烈感受並且抗拒明示層級信仰設立的舉動：

> 偶而這些層級／階序是好的，只要妳只看這些東西本身，但當妳把它們強加在自己的決策時它們就瓦解冰消了。它們並不是以一種可以面對真實日常生活的方式被組織起來的，而那也不允許一個人有多少負責任的空間。

虛無主義以一個終極的自我保護立場，顯示了一個從關愛／懷到活存顧慮的倒退。但在嘗試以沒有關愛而活存的時候，這些女人最後終於回到了人際關係的實情／真理。說到她的努力在有關於我要什麼、我是什麼，以及我到底是怎麼感受的方面，對我自己更加誠實的注意到她對於依附於其他人需求的發現。體認了自己是個「比我願意承認的或者是我想像的更為感性」，她努力試著對別人更為關心以及更加的關愛／懷自己。因此，不如排除

別人並放棄情緒和關愛／懷，她變成對於自己的人際關係更為誠實和對於自己更有反應／感受。

　　有關於女人對於墮胎難題反應的研究結果顯示，一個關愛／懷倫理的階段／序列性發展，在其中有關責任概念的變化反映了在理解人際關係經驗中的轉變。這些研究發現是在歷史中一個特定時段中所收集來的，樣本很小，而受訪者也不是以她們能夠代表一個更大母體的思考所召集的。這些研究上的限制阻礙了概括化推論的可能性，並且賦與未來更深入的釐清不同文化、歷史時段、社會，和性屬上差異的艱鉅任務。我們也需要做長時間有關女人道德判斷的探討，以便精鍊和驗證在本書中所描述的順序／階段。有關人們對於其他難題思考方式的研究也可以幫助澄清墮胎選擇的特質。

　　「**危機顯示性格（板蕩識忠貞）**」當一位女性在探討她自己內在問題時這麼說。危機同時創造個性／性格，也是發展徑路的精髓。有關女人對於責任和人際關係的思考在本書中所展示的變化，暗示了對於責任和關愛／懷能力是經由一個一致／統整的情緒和思考的進化階序所形成。當女人生命／活和歷史中的事件和她們的感情／情緒和思考交錯時，一個對於個人存活的顧慮，會被標籤為**自私**而且會和一個活在人際關係脈絡中的**責任**並列／陳。接著，責任變成以它傳統詮釋混淆了那阻擾自我體認對她／他人的反應性。然而人際關係的實情／真理在連結的重新發現中返回，在自我和她／他人相互依賴的明瞭以及了解中，生命不論是多麼地珍貴，唯有在人際關係中藉著關愛／懷才得以維繫／持。

第五章 女人的權利和女人的判斷

一八四八年的夏天，史丹騰（Elizabeth Cady Stanton）和莫特（Lucretia Mott）在紐約州辛尼卡瀑布（Seneca Falls）的一個討論會裡相聚，她們在考慮／思索「**女人的社會、民事和法律現況，以及女人的權利**」，她們展示了一個模仿獨立宣言所撰寫的情感宣言（Declaration of Sentiments）。其中的議題很簡單，兩兩的類比也清晰地凸顯了她們所關切的要點：女人也應當享有對於男人視為自然和不可剝奪的權利。辛尼卡會議為了史丹騰、莫特和其他女性代議人士在一八四〇年倫敦所舉辦的世界反奴隸大會（World Anti-Slavery Convention）中被逐出場外的事件而喧騰不已。原先是正式參與但被大會推舉到包廂以觀察員的身分觀察會議所激怒，這些女人在一八四八年所做的宣稱只是她們在八年之前同樣事件的翻版，也就是在一個號稱民主國家中女人公民權的爭取。辛尼卡瀑布宣言並不是要求給女人特殊的考慮，其所依賴的平等前提和它從社會契約及自然權利中所援引的議題，只是單純地指出：「**人生而平等，創造者賦與女人和男人若干不可被剝奪的權利——那是包含了生存、自由和追求幸福的權利**」。

　　但就女人而言，這些對權利的宣稱從一開始就好像與在一七九二年被烏斯東克瑞芙（Mary Wollstonecraft）所挑戰的美德位置互相對立。在**為女權辯護**（A Vindication of the Rights of Women）中，她堅稱自由與其說導致許可，不如說它是**美德之母**，因為奴隸制度不僅導致拒斥和絕望，它同時也製造狡詐和欺騙。烏斯東克瑞芙的**傲慢在於敢發揮自己的理性**，並且挑戰**奴隸我這個性別的錯誤概念**被和她之後的史丹騰告訴記者：「**用大寫的字母寫下**

自我發展的道德／責任比自我犧牲要更高尚。阻絕女人自我發展以及最能激勵她們鬥志的概念就是自我犧牲」的勇敢舉動相互輝映。對抗對於自私的指控，女性美德階梯頂端的那個朝向不僅對神，甚且對男人完全奉獻、自我否定理想中的最大罪惡，這些對於女人權利的早期追求／爭取者把自我犧牲等同於奴隸制度，並且強調女人的發展就像男人一般有益於全人類的福祉。

當宣稱權利和自己責任的同時，女人也開始運用理性的能力在社會的人際關係中提出責任議題。這個理性能力運作的練習以及女人針對影響她們生命／活情境行使控制，導致在十九世紀的後半葉裡，為了從道德重整到比較激進的免費／自由的愛和生育控制，所做的社會淨化、公共衛生及針對社會改革所進行的社會運動。所有這些運動結合並支持了普遍投票權運動，當女人宣稱她們有智力，並在不同的程度上，以性偏好做為她們人性的一個部分，經由投票權的行使以含括她們在形塑歷史，並改變盛行且有損於現在和將來世代作法的聲音。選舉權挫敗的記錄是因為女人無法投票，以及許多女人依據丈夫的投票，實際上二十世紀目擊／睹了許多早期女性主義者所強力爭取合法化的權利。

在攸關女人權利的變化下，許多婦女大學慶祝女性獲得接受高等教育權利的百週年紀念時，由出名的爭取女權者共同提出有關於效果／益的問題。早期的女性主義者在把女人的自我發展和她們自身理性的運作連結時，認為若女性想要生活在自身所掌握的情境中，則教育無疑是極端重要。但現在有關平權法案的爭議重複許多以前所發生的事件，女人自我發展的議題會持續地產生

自私性疑慮，也就是畏懼女人自由後會促使她在人際關係中不負責任。因此在權利和義務之間的對話，它在公領域之中的論辯和它具體的再現，專注在涵蓋女人思索有關責任和人際關係時所引發的衝突。當這個對話闡明了若干女人反對女權謎題的某些因素，它同時也啟發了權利的概念是如何的使女人考量道德上的衝突以及做選擇。

由女權運動所標示的世紀，橫跨一位女英雄愛上表姊／妹露西未婚夫的小說，大體上都是由女人所書寫而且都在討論一個相同難題。在這兩個可以類比的三角關係中，這兩本小說提供了一個在其中考量女權對於女人道德判斷效果／益，並因此提供了一個百年來有哪些事情改變，有哪些問題方式一如往者的歷史架構。

在喬治・艾略特（George Eliot）的小說《棉上之屋》（*The Mill on the Floss*, 1860），麥姬・杜利弗（Maggie Tulliver）*向右傾斜。身陷在對她表姊／妹露西的愛和她對露西未婚夫斯戴芬的強烈感受，麥姬堅定於她的「我不行也不能以犧牲別人來追尋我自己的幸福」判斷。當斯戴芬說她／他們的愛是無心而自然的，「即使我們結婚也是對的」，麥姬回答雖然「愛是自然的，但同情、堅貞／定和回憶也都是自然的」。即使在「太遲了，傷害已造成」之後，麥姬也不要「以別人的悲傷／感作為自己美滿的代價」，並選擇拒絕斯戴芬而一個人獨自回聖奧格斯。*

當牧師肯先生思及「她行動所依循的原則是比任何平衡結果的都要安全的導引」，而口述者的判斷是較不清晰的。艾略特把她的女英雄定位在一個沒有出路的困境中，並且把小說結束在讓

麥姬淹死，但他卻不忘提醒讀者「在激情和責任之間轉動的關係是清楚到沒有人能夠完全地理解／掌握」。由於我們生活／命的神秘複雜性無法被整理成公式，道德判斷無法被以一般性的規則所局限，因此必須被一個生動活潑且強烈到能夠創造一個寬廣、民胞物與精神的生命／活所激勵。

　　然而在這本小說中最後從麥姬的蒼白、挫敗的臉看出強烈生命的眼，無怪乎沈浸在十九世紀小說傳統也介入二十世紀女性主義的綴伯（Margaret Drabble）會回到艾略特的小說，並且探索一個替代性選擇方案的可能性。在《瀑布》（*The Waterfall*, 1969）中，綴伯重新製造了在《棉上之屋》處理麥姬的困局，但是正如書名所暗示的，有了個社會中的阻礙被剔除的差別。因此綴伯的女英雄，珍·葛芮（Jane Grey）並不右傾反而是靠露西的丈夫，拒絕排斥並在第一章就淹死。沈浸在一個自我發現的汪洋中「只要我能靠岸就不在乎誰會淹死」，珍在她試圖理解自己倖存的奇蹟並且告訴別人她的故事時遭逢了判斷的問題。她對於露西的先生詹姆士的愛是以兩種不同的聲音被口語敘述，即一個一直在判斷和實情／真理、介入、撤離責任，和選擇道德議題上相互戰爭的第一人稱和第三人稱的聲音所表達。

　　雖然在一八六○和一九六九年之間激情和責任之間的平衡有所轉移，但在這兩本小說之中的道德困境是相同的。在一個世紀的時光裡自私的判決阻礙了這兩位女英雄。壓迫麥姬拒斥的指控呼應了珍對於無助和推拖的詳細抗辯：「請寬容的判決我，我只是因被指控為自私而辯駁，我說我和別人不一樣、我很悲傷、我

很憤怒、我必須得到我想要的」。但是自私這個指控意味著活動和慾望的問題不但促使珍陷入了尋常的躲／逃避和偽裝，而且也迫使她面對奠基在此指控之下的基本前提。抽離過去的道德判斷，讓它看起來像是就某種意義而言最好是犧牲我而不是別人，珍試圖去重建它以一種能夠接受我並讓我能怡然自若身處其中的方式。因此她努力去創造一個新的階梯，一個新的美德，一個能夠包括了活動、性取向和一個不需要放棄傳統的關愛／懷依舊可以活存的美德：「我必須知道自己在做什麼，我無法無意識的行動——而我非得行動不可，我變了，我再也不能束手無策——然後我會發明／製造一個可以寬恕我的道德。雖然這麼做，我會冒著全面譴責以前的我的風險」。

這些小說因而展現了對女人而言自私，且由自我否認所延伸出來道德判斷的持續性力量，這是個經常出現在女性成人前期小說劇情的判斷，即那個把顛仆不破的純真童稚期、成人期社會參與和選擇責任一分為二的重要女人觀轉捩點。以自我犧牲的觀點看女人美德，製造善良議題與責任和選擇成人議題的對立，複雜化了女人的發展軌跡。除此之外，自我犧牲的道德直接與過去的這一世紀中支持女人對社會正義、公平、分享宣稱的權利要求產生衝突。

但有個更深遠的問題是介於融化自然連帶以支持個人宣稱的權利道德，和編織這些宣稱為人際關係的纖維，經由它們相互依賴的再現而模糊了自我和她／他人之間區別的衝突／緊張產生。這個問題是烏斯東克瑞芙、史丹騰、艾略特和綴伯都關懷的。這

個關懷也在本書一九七○年代對大學女生所做的訪談／研究中顯示出來。所有的女人都在談同一個衝突，而它們也都顯示在女人思想中有關自私的判斷具有多麼強大的力量。但由這些現代女人所描述在道德衝突判斷所顯示的，卻是把女人在道德發展中權利概念所扮演的角色放在探討的焦點上。這些衝突展示了隨著時間的延續，一個責任倫理成了女人道德關懷的核心，將自我定置在一個人際關係的世界中並發出關愛的舉／活動，但同時也指出此一倫理是如何地藉由體認權利徑路中的正義觀而產生轉化／換。

　　針對大學四年級女生研究中湎的訪談，刻畫了在一九七三年，也就是最高法院決定墮胎是合法的，而女人有權利決定是否要繼續懷孕的那年，女人道德顧慮的若干面向。在兩年之前湎修了一門有關道德和政治選擇的課，因為她在*尋找不同思考事物的方法，並對保護個人自由的說詞*極有興趣。宣稱自己自尊很低，並報告說她在大四那年感受到自己有道德上的進步和成長，因為她有機會藉著懷孕並決定墮胎而*回顧／閱讀了許多有關於我怎麼思考自己的資料*。將懷孕歸因為一種*極端愚蠢以及自我控制和決策的失能*，她把墮胎想成一個不顧一切的保命措施／解決方案（「我覺得像是在救自己的性命，我必須如此做」）但同時她也視為若非我自己，至少以社會的眼光看來是道德上的原罪。

　　在她覺得自己很邪惡時，她發現*不論是在我為了自己或者為了別人的感覺而做好事時，人們都會幫助我*。在她等待並思考／決定要墮胎的那個月裡，她想了許多*有關於做決策，以及生平第一次希望能對自己能掌握生命／活中的決定，並且負擔責任的事*

情。結果她的自我形象改變了：

> 因為現在妳想掌握妳自己的生命，妳就不覺得自己好像
> 被別人抓在手裡。妳必須接受妳做錯事的事實，那也給了妳
> 一些統整性，因為你不是努力的想要去除這些情緒／感覺。
> 許多衝突被解決了，妳覺得自己像是浴火鳳凰，建立了一個
> 妳可以在情境中行動的信念。

**因此她變成支持自己，並非以一個善良或不好的人，而只是
單純的在兩方面都需要學習很多的人。** 現在看自己是有能力做選
擇的人，她覺得有一種不同於以往必須為自己負責的情緒。但是
儘管選擇的經驗促使淪有了更強的個人統整性體認，她對於選擇
的判斷卻是一如以往。雖然他到達了一個對於自己更為含括和
包容的新理解，以及一個她認為會讓她自己**對自己更明確和更加
獨立**的新人際關係概念，而道德的議題還是在責任上。

在這個意義上而言，她認為**懷孕是來幫我的**，在於凸顯她過
去無法負擔責任：

> 那是如此嚴重的／清晰地讓我明白自己，像是我對自己
> 的感受以及我對這個世界的情緒。我覺得我過去所做的事錯
> 得如此離譜，以致於許多我可以／應該負的責任我都沒有負，
> 而我也可以像以往一樣懵懵懂懂的規避責任。因此情勢／境
> 的嚴重性就被放在妳的眼前。妳看得很清楚，而且答案也在
> 那裡。

覺得過往的不負責任造成了一個自己無法逃避的，不論怎麼去做都會造成傷害的情境，她開始**去除那些**看來對她以一種不讓人們受傷過日子為目標的方式有妨／阻礙的道德老舊理念。她這樣做質疑了自私和道德的對立，區辨出**自私是個很奇怪的字眼**。體認到了**個人自由**並非那麼的與道德不合，她拓展了道德的概念，把它界定成**對於另外一個人以及妳對於自己顧慮的感覺**。雖然道德問題還是**妳會引起多少的受苦受難？以及為何妳有權致使她／他人受苦？**這些問題不僅適用在別人，同時也適用於她自己。分離於自我犧牲的責任造成受苦以及預期那些行動有可能會造成傷害的理解。

　　在責任的道德中將自我含括其中，對於在一九七〇年代的大學女生是相當重要的事情。在不同脈絡中茁生的此一問題提及了可以經由正義邏輯，也就是將她／他人與自我等同的公平性來解決的包容的問題。而且它也樹立了一個人際關係的問題，它的解決方案需要一個對於責任和關愛／懷的嶄新理解。一位二十七歲的女性希拉瑞解釋她對於道德想法上的變化，描述了她在進大學時對道德的理解：

　　　　我那時實在太單純／幼稚／天真了。我有一段日子認為對於生命／活之中的對和錯有著簡單的答案。甚至有一段時間在我現在看來我是如此的單純：我想只要我不去傷害別人，一切都好了。但不久之後我發現，或者是終於發現事情沒有這麼單純，我會傷害別人而且別人也會傷害到我，生命／活

之中是充滿著緊張和衝突的。人們總是會傷害彼此的感受，不論是有心或是無意的，但世事就是如此。因此我放棄了原先的想法。

這個放棄的想法發生在她大一的那年：

> 我愛上了一個想結婚並安定／頓下來的傢伙（男人），我無法想像比這更糟的宿命了，但我真的非常喜歡他。之後我們分手，而他被這傷得很重，也因此他休學一年，我才明白我傷他傷得很重，那是我無意造成的，同時我也違反了我道德行為上的最重要（第一）原則，但我知道我做了個正確的決定。

解釋自己「絕對不可能和他結婚」，希拉瑞覺得就那個意義而言，她所面對的難題有個簡單的答案。但在另一方面，在她反對傷害的道德觀中所遇到的這一件事卻展現出一種無解的困境，儘管沒有一個行動是不會造成傷害的。這個體會促使她質疑自己先前所設定的絕對的道德感，並且去*想想看此一（不傷害）原則並不是一成不變的*。她所看到的限制是直接和個人統整性相關的；那個原則所無法達成的就是「對妳自己誠實」。指出她開始去思考維繫自己統整性，這也使得她獲致了*妳無法老是只想著如何不去傷害別人，就去做妳覺得是對的就對了*的結論。

然而，在看到自己持續地將道德等同於關愛／懷她人，以及她所一直相信的*自我犧牲和為了人類的福祉所對別人而做的善就*

*是好事*的信念時，她對於不去傷害別人原則的放棄，其實等同於她對於道德顧慮的放棄。明白了她決定的正確性，但也同時知曉它痛苦的結／後果，她無法同時既保持自身的統整性而又遵循在人際關係中的關愛／懷倫理。希冀避免衝突和藉由*擇善固執*以在選擇上妥協，事實上她是在面對一個有關於她自身讓步／妥協的感覺。

這個感覺在她回溯自己身為律師所遇到的一個矛盾，有一次她在審判中反對庭上忽略了一個對她案主*善意宣稱*極為重要／關鍵，更明顯的在於她提供支持的文件。掙扎在是否要告訴對方此一有利於自己案主案情文件的存在，希拉瑞明瞭了正義辯論體系所阻礙的，不僅是*所謂對真理的追尋*，而且也包含了對於對立面人們關懷的表達。最後她決定依循體系，部分因為她自身專業位置的脆弱性，她視自己並沒有做到她對自己所提出的個人統整性標準，和她在道德理想上所標舉的自我犧牲。因此，她把先生描繪成一具有絕對統整性且絕不作覺得不對的事，也認為母親是一位無私無我絕頂關愛／懷的人，也同時將對自己的描述與他們相互對照。

以她自身而言，希拉瑞有點不好意思的說她在上了大學之後更為包容和體諒，不像以前那樣的苛責別人，更容易看到不同觀點的統整性。雖然身為律師，她可以用權利的詞彙並且清楚的知道自決和尊重的重要性，但權利的概念始終和關愛／懷倫理之間存在著一個緊張的關係。然而，自私和責任之間持續的衝突總是讓她無法解決對自己誠實和在人際關係中負責任的對立。

權利道德和責任倫理之間的衝撞，也在**大學生研究**中的珍妮所描述的道德危機中湧出。她也分析了由無我和自己犧牲所建立的道德觀，特別是以她母親所彰顯的這個道德理想：

> 如果我長大之後會像世界上的任何一個人，那我一定會像我媽，因我從沒有看過這樣一個沒有自我的人。她會為任何人做任何事，甚至到常常傷害自己的地步，因為她總是給與從不要求回饋。因此在理想上，那是你想做的人，一個無私無我、樂善好施的人。

相對的，珍妮描述自己是**在許多方面比較自私**。但在看到自我犧牲在有可能／潛力去傷害那些和自己親近的人的局限性後，她嘗試去解決自私和關愛／懷間的衝突，修正自己在**做最好的人**的定義，藉由那最基本**為她／他人造最大福祉**的成分中加入**完成妳自身最大潛力**的但書。兩年前在一門道德和政治選擇的課中，珍妮以問題的方式開始檢驗道德「**妳如何虧欠自己？**」「**妳欠別人多少？**」把道德界定為一個攸關義務的問題，她試圖藉由將自我和她／他人等同以挑戰奠定在自我犧牲之下的前提，並且以權利的理解來校正／調整她對責任的概念。但在當時她家中所發生的一個危機，顯現出權利的術語在面對／處理人際關係中責任的議題是對這個作法欠缺／不足的邏輯質疑。這個危機的起因，是一位親戚因為負擔不起爺爺需要長期照護的慢性病費用而自殺。雖然自殺的道德曾經有在個人權利觀點的背景／脈絡中被討論

過，但在珍妮看來，這個自殺卻是個絕頂不負責任行動的極致表現，因為它增加了別人在照顧上的負擔，也提高了家人受苦和受傷害的程度。

努力想要平復憤怒的情緒並以之連結於她理性中的邏輯，她絕望地發現了先前思考的方式再也不管用了，並且陷入了沒有任何行動的困局：

> 整個學期我們都在討論什麼是對的，什麼是錯的，什麼是好的以及妳虧欠自己、虧欠別人多少，然後我的親戚就在那個時候自殺了，那是個道德危機，對吧？我不知如何去處理它，因為我最後是恨他為什麼要自殺，而我也知道我不應該如此。我的意思是說那是錯的，他怎麼可以對自己的家人做這種事？我也必須認真的重新評估這些事，因為先前的想法都無法解釋。所有我們談論的這些好的小事情在談的時候是很美好的。我記得像是有個小故事是要妳帶一群人去執行任務，在偵察的過程中得有個人去扔個手榴彈什麼的。嗯，那也沒什麼，但當那是和妳切身相關的時候，先前的說法就不適用了。而我就必須很嚴肅的重新評估以前我所說過的每一件事，和如果我都相信那些為什麼我會變成如此的憎恨？

在這個問題有著許多面向的情形下，一個人虧欠自己的程度和虧欠別人的程度等式的基底邏輯，就從開始被動搖而逐漸的瓦解。

突然之間，所有的定義和術語全都分崩離析了。它變成
了一種無法定位在任何價值體系上的東西，像是「是的，這
是道德的」，或者「不對，那是不道德的」。那是眾多人們
無法界定且非理性的東西之一。

　　珍妮明瞭了不論判斷為何，行動的本身是無法逆轉而且具有
影響別人生命／活的後果。由於權利和責任、自私和自我犧牲是
如此濃烈的攪在一起，她除了說就某個意義而言，這看起來像是
個道德危機，但從另一方面來說，它除了顯得**非理性和無法界定**
之外，沒有其他思索這件事的方法。

　　五年之後當她再度被訪談時，珍妮說這些事情藉由**她所有有
關責任的想法**作為討論中心，改變了她／他的生活／命。當自私
和道德之間的對立凌駕時，她對自我和她／他人都沒有反應；不
想**為爺爺負責**的同時，她也不想為自己負責。在這個意義上，她
曾經既自私又無我，也因此她看到了這個對立本身的局限性。明
白了「**就像我曾經經歷的一般，讓別人帶著我並且為我生命／活
負責是輕而易舉的**」，她挑戰自己去掌握人生並且「**改變我生
命／活的方向**」。

　　將道德的基底建構成為責任的問題，和女人為了她們自己的
生命／活負責而掙扎，也在其他參與權利與責任研究女大學生所
描述的衝突中展現出來。一項針對三位女性的描述跨越了寬廣區
間程式困境所做的比較，顯示自私和責任的對立是如何的對女人
複雜化選擇的議／問題，並使她們掉入自在無私無我的理想，和

她們自己能動和需求的虛無深淵中。由道德和真理的對立所創造出來發展上的問題，在這三位女性以對別人負責時能夠自己更為誠實的找出克服此一對立的解決方案，而努力中也相當明顯地表現出來。她們試著想找出所感受到在自身發展和對她／他人責任之間緊張／衝突的解決方案，她們都描述了集中在個人統整性和對家庭中人際關係忠誠度之間的衝突。她們都覺得很難做選／抉擇，因為她們並不想傷害別人。對這個問題她們所想出來的不同解決方法成功的顯露了在自私與責任對立中，自我蒙蔽／欺瞞的本質，權利概念對無私無我美德的挑戰，以及對權利的理解方式是如何的轉化了我們對於關懷／愛和人際關係的知識。

艾莉森這位大二學生把道德界定成是一個對權力（理解）的意識：

一種對於人道（人性）敏感度的意識，覺得妳可以影響別人的生活／命，也可以做事去改變自己的生命／活，妳有責任不去危害別人的生活／命或者傷害她／他人。因此道德很複雜；我只是簡單的說，道德是關於明白自己和她／他人之間有來往的互動，而妳卻對兩者都要負上責任。我一直在用責任這個字眼；那就是意識到妳對於周遭所發生事物的影響力。

把道德和一種對權力的知覺綁在一起並不等同於沒有傷害別人的責任，艾莉森覺得責任的意思是「妳關心其他的人，妳敏感於別人的需要並且將它們視為妳個人需要的一部分，因為妳倚靠

別人（而活）」。將道德等同於對她／他人關懷／愛促使她把**自私**當成是責任的對立，一個展現在她判斷之中的矛盾，就是個人需求的滿足追求那些原來被認為是負責任和善意行動中的道德打了折扣：「**做家教幾乎是件自私的事，因為那讓我覺得自己是在幫助別人而且那讓我愉快**」。

因此雖然道德被當成是從自我和別人之間的來往所產生的，但它卻被化約成了自我和她／他人之間的對立，最後和依賴別人相連結並被等同於必須對照顧別人負責。道德的理想不是合作或相互依賴而變成一個義務的完成，一個只給與別人但分毫不取的還債。這一建構中的盲目本質是很明顯的，然而這就如艾莉森以「**我並不十分坦誠**」來作為她自我介紹的起頭一般。這個不誠實的來源是她的自我欺瞞，那是由她自我觀看中一個明顯的自我矛盾所促生的：

> 我是一個對於事情該怎麼樣以及只要有愛誰會想要改變世界有許多想法的人，但我也是個自私的人，在很多時候我並不是以一種讓人覺得可愛的方式去採取行動。

在試著去對付那自私的毛病時，艾莉森經驗／歷到了一個必須持續地**去證成我的行動**掙扎和**很不容易做選擇**。體認到自己具備傷害的能力，但不想對別人如此做，她很難過地告訴父母親說她想要休學一年，因為她知道自己留在學校裡對雙親而言是很重要的。身陷在不想傷害別人的願望和對自己坦誠的矛盾中，她試

著以一種超越非難的行動方式以釐清她自己的想法／動機。努力於「在為何我如此不快樂中對自己真誠，現在是什麼狀況以及我打算如何做」，她發現很難向自己以及雙親解釋「為何休學一年對我而言是非常重要的」。把大學看成是個自私的機構，因為在其中競爭遠勝於合作，因此自己努力、成就自己而且不助人，她期許自己能夠敏感、開懷／愛以及樂善好施和建構那些合作而非競爭性的人際關係。但是她無法在這個複雜的情境中融合個人與道德的理想以及關愛／懷和責任的倫理，因為如果她休學就傷了父母親，但若繼續留在學校卻又傷了自己。這個緊張的關係，明顯的表現在她有關既誠實又關懷／愛的自我介紹上，「有人執著於某些理想，但也能夠保持良好的人際關係、尊重別人的想法但又不至於妥協自己的理想或者屈從、順服在別人之下」。

第二位女性艾蜜莉澄清了這個掙扎是如何地和權利的概念糾纏不清。當她在大四那年被問到是否有遇到一個在其中道德原則並不明確的決策時，她描述了自己和爸媽在有關於明年該不該進醫學院上的衝突。她以一個在道德和自私證成上的對照來解釋爸媽認為她不該離家太遠的立場：

　　她／他們有道德上的證成原則，和為什麼希望我離家比較近很好又不太好的理由；好的部分我想就是在道德上的分類，而壞的方面大概就是自私的類屬吧！

把這個矛盾以權利的語彙標出，她解釋道：

我的雙親有權力以一個特殊的方式期望我，至少在某些時刻。我想（這事情）負面的部分在於那個權利的濫用，那好像就帶到了自私的討論以及我的道德部分，也就是我並不認為／一點也不認為我離開了這個家就分崩離析了。

　　在人際關係中把權利和欲求等同，以及把道德與責任等同，她指出自己的目標不在於拆散家庭。反而是「我曾經而且現在還是認為從某些角度來說，如果我在別的地方和別人在一起我會成長的更多」。對照於分離中的正面成分，她試著以自己承擔惡名來負起成長的責任，她的雙親也不至於受傷，在此處她遇到了詮釋的難題。在她解釋她的立場時，古老的道德語言轉向她自身並且即刻成為相對化的情形：

　　　　某部分來看我的動機好像是有點自私或者不夠崇高。我的家不僅是個既成的事實，而且是伴我一生的東西，那有點像是我的道德責任把事情當作是相對的，如同默然接受我不離家的那個部分而留在此地；同時卻縱容我不自私的那個部分掌控了那個場景／情境。

　　她逐漸的感覺到自私與否可能只是個相對而非絕對的判斷，是個詮釋、看法而不是真理，拓展到道德的兩個概念，一個集中在權利而另一則聚焦在責任上。當她界定自己所面臨的道德難題時，在這兩者之間的轉移是極明顯的：

衝突在於當我不把離家視為對（家中）其他人的傷害，
而是件絲毫沒有衝擊的事情時，我是否有權利以一個獨立自
主的個體行動。在她／他們的部分來看我的離家是很不好的，
雖然我自己並不這麼認為。衝突並不在於我的解釋，而事實
上我們對於道德有不同的理解，我也覺得事實上這兩種觀點
都同樣在一個很不利的境地，還有我大概以留在家裡表達了
我選擇了她／他們的觀點，而那就是衝突。

之前艾蜜莉曾經認為有個「總是對／好的道德立場，我總是
相信在比較之後會顯示出一個高高在上到百分之二十五的一個立
場」。然而在這個情境中，她卻發現**做個道德決定是不可能的**。
用她的信念描述說如此做並不會傷害任何人，證成了她有權利以
一個獨立自主的實體採取行動，但她卻為了避免傷害家人，而在
最後讓步於她母親認為她離家是自私的說法。在解釋造成他決定
留下的**重要原因**時，她描述了她是如何地以自私的平衡來建構這
麼一個矛盾／難題並且下結論說她是**比較自私的**：

她／他們真的是情勢所逼下的受害者，但我卻在不如意
的情況下覺得無所謂。所以我想我可能要比他／她們自私一
點。這兩種自私在開始的時候好像是一樣的，但不知怎麼的，
後來就是她／他們傷的比較深。

因此權利的建構，其本身是由作為平衡自私的語言所標示，
最終卻讓步於責任的考量，也就是誰傷的較重的等式。試圖將這

個矛盾設定為權利上的衝突，使它成了一個自私的競賽，排除了道德決策的可能性，因為這幾個解決方案都可以被對立的觀點建構成了自私。結果就是權利的顧慮被一個責任的考量所取代，而她就以**讓我的無私部分掌控**來解決難題，因為她視雙親比自己更為脆弱。

　　並不把自己所受到的傷害視為一種省略忽視（「在絕對的意義而言沒有一個新的經驗不是一種傷害」），她把此一境遇和忽略做個對照，對於造成她雙親**相當大失落／傷害**上她感覺到自己所應該負的責任。把責任想成是**對道德的依附**，她把責任看成是「**一個期望的連鎖，而當妳阻斷它時妳不僅干擾了自己，同時也干擾了妳周遭的整個過程**」的建立。其結果，植基在獨立自主前提上，對於權利的考量威脅了人際關係鎖鍊的中斷，並且以過多的重量／強調性打亂了責任的思考。最後選擇就依附於**比較大部分責任歸屬**的地方所決定，一個植基於脆弱性評量的決定，一個誰會傷的比較嚴重的相對性衡量。

　　然而，在放棄她以**一個獨立自主的實體行動權利**並且讓她的**無私掌控**時，她也拋棄了自己對於責任道德上的詮釋，同時也在這個拋棄中丟掉／失去了她的自我。這種自我放棄的感覺在艾蜜莉像是「**一個圓圓的小糖豆，滾來滾去到處沾惹一些雪花，但卻從沒有融入雪花之中**」的自述中展現出來。在訪談終了時，她表達了在她的人際關係中，更會思量她是**如何和別人互動**，而不是隨波逐流藉由更為思慮周全以便定置自己的願望。之前她在人際關係上的思考比較像是**有些自我防衛和畏懼／膽怯的**，她現在則

認為「對這個議題的思考去除了先前的畏懼，因為當妳想到自己在做什麼的時候妳知道那是什麼。如果妳不知道妳就會被牽著鼻子走，連自己都不知道下一步會怎麼樣」。

隨波逐流或者順勢而為的形象一再地出現在女人的訪談中，它意味著女人身陷在自私和責任之間的衝突所面臨的矛盾。在描繪她們所過的那種被體認別人所需要的觀念引導並做出反應的生活，她們找不到一個可以試圖掌控，但卻無法／沒有強調那個看來自私並因而在道德上冒著風險的行動方針。就像在《瀑布》中一開始以「如果我溺水而無法伸出手自救，我是如何的不願意以自身抗拒這一宿命／命運啊」，強調那個看起來自私並因而冒著道德上危險的女英雄一點兒都沒有想到「這或許是真理」，這些女人是如此不加思索的被被動的形象所牽引，就像珍表現出藉由沈沒／淪而規／逃避責任，因而樂園得以不經由她的自助而成就。

但是看起來能夠從責任的負荷中給與安全的漂流，伴隨著降落／登陸在一個更痛苦面對選擇險境的風／危險，就如同墮胎選擇中棘手的替代方案，或者像是杜利弗明白了她自己在不知不覺中做了她最害怕自己會做的事一般。然後在明白了後果時，責任的議題也就轉了回來並且也帶著跟隨她的選擇和真理的相關性問題。

藉由暫時放棄對他的抗拒，麥姬屈從於她對史蒂芬的感覺／情緒：

　　　　覺得自己被從玫瑰花園中帶著走出去，被以堅實的照顧

上了小船，有人幫她戴好氣囊和救生衣並且打開陽傘（她自己都忘了陽傘）──所有這些屬於她但卻完全沒有她自己意願的行動景象。

當她明白她們走了多遠之後，**她開始可怕的警覺到**，還有她**懂得於潮水自然流動的信念**，使得她先是感覺到對於史蒂芬憤怒抗拒的情緒，那個被她指控去想要剝奪她的選擇並且利用她的思考不全，但接著她又明白了她自己在這件事情中的參與（共犯）。**再也不麻痺了**，她體會到「**短短的幾個星期倉促地陷入於她自己的本性最畏縮／退卻的原罪的感覺：損傷信念和殘酷的自私**」。**然後渴望完美善良的麥姬選擇對我自己平靜的感情忠實並且不要愛的歡愉**。

但當麥姬渴望良善時，她的同伴珍卻在尋找真理。發現了她對於詹姆士的慾望是**如此深切的自私使她甚至想投水自盡以努力像麥姬‧杜利弗一樣的重新喚回那失去的念頭**，珍反而選擇去質疑那個念頭並最終以讓自己向愛認同。觀察到了雖然「麥姬‧杜利弗從來沒有和她的男人發生關係，但她卻對露西、對自己和兩個愛她的男人造成了所有可以造成的傷害，然後就像是她所揚棄的另一個世紀／代的女人般，珍以面對天使般來看一個事件，而且只有一種撐下去方法的事件。最後她在此一世紀／代中徬徨，該怎麼辦呢？」

在無私與無我之間的道德區別是對麥姬而言是愈來愈清晰的，但對珍來說卻是愈來愈模糊的。在美德的追求中發現她**無法**

由別人所採取的步驟中提升，然後她在寂寞、否定和退縮中尋找
純真，並思考：

> 若自我否定到某種程度則我可以獲致某種純真，不管那
> 在我本質之中偶而出現的惡夢。我想我可以否定自我並摒棄
> 自己。

然而她卻發現不論她是以第一人稱或第三人稱訴說這個故
事，最後她都得面對那就算她做了所有的讓步，她依舊*沈溺在意
願的汪洋中*。

也就是為了抗拒這個負面的拉力，一個藉由自我否認所獲致
的純真的願景，促使女人間開始去尋找她們自己經驗的真理並且
談論到掌控自己的生活／命。

（*回顧過去這一年，妳印象最深的是什麼？*）
掌握我自己的生活／命。

因此第三個女人，也是剛從大學畢業的凱特，開始訴說她在
克服自私和責任間對立的掙扎並開始掌控自己的生命／活。在她
大四那年，當她發現她無法離開大學團隊以便去做*那些我認為對
我是重要的事情*時爆發的。在理所當然的考慮向以往認為是重要
事項的運動說不的激進行動時，她發現自己麻痺且無法做決定：

我就是非常為難，那是個很難做的決定。我就是僵在那
　　裡，在我試著去想它的時候，我就覺得我好像在面對一堵牆，
　　即使再想這東西為什麼這麼尷尬和我為什麼這麼痛苦都不容
　　易。所以最後那就變成有點像是個危機情境而教練對我說：
　　「喂，不管怎麼樣妳得做個決定。」而我卻覺得我就是無法
　　做個決定。就情感和各個面向來說事情變得一團糟。因此很
　　重要的是就我記憶所及這是我這輩子第一次碰到麻煩。

　　她的麻煩在於如果她說了不要，那就是對於先前從沒有被質
疑的**整個倫理體系**提出挑戰。從小是由她父親所展現的世界觀所
帶大──追求成功並遵守遊戲規則──是唯一合法的，現在她明
白那變成是*我過日子的最基本態度*。因此在發現有些別的東西對
我而言更重要，她列出了*對我先前生活中所依循一個最根本、真
正的威脅或挑戰命題*，一個她定位自己認同的前提和她與父親之
間的一個連結。
　　凱特描述自己先前像是「*以一個我要什麼是根本不存在於意
識之中的方式，因此我就以困難最少的方式通過就學的過程*」漂
浮過學校，她愈來愈被「*去做我想做的事而且愈來愈不去做我被
期望／認為該做的事或者人家要我去做的事*」所掌控。就這樣她
變成*愈來愈嵌入自己所是的*。體認到不同世界觀的合法性，她愈
來愈倚重於自己對事物的詮釋。因此掌控的過程，到達一個*我更
為確切想要做什麼、我有些什麼選擇和走什麼路才有道理*而有了
嶄新的意義：

它意味著有點像我自己，因此對我的判斷更有自信，因為我有個建立自己判斷的基礎；覺得自己更堅強並且更依賴自己做決定、判斷情勢；不去接受父母親的判斷和（學校的）判斷；還有發現我自己在某些情境中採取一種立場而別人採取別的立場。但這兩者皆合法而且都不是對的，我也學著接受這些；試著去想出為何如此但又接受，開始去質疑為何一個人的立場比別人都要正確或者她做的比別人都要好的想法。

在開始去質疑只有一個正確生活方式的理念，以及有關差異總是表現出較好或較壞的想法時，她開始以一個新的方式看待衝突，也就是把它當成是人際關係的部分而不是個威脅。對照她現在對於道德的想法和她以前**總有個正確的答案**的信念時，她論到了在大二時自己所採取的一條道德發展途徑：

有一群人在道德理由化的最高層次討論一個問題，令我驚異的是，在理想上，她／他們都同意我說的像是有點道理。雖然那也讓我混淆不清。因為那太乾脆俐落了，總是覺得有標準答案的想法，和每個人都在找正確的答案（在我看起來）真的是太乾脆俐落了。

由於協議的論點是建立在權利概念的前提上，它連結了凱特在當時對女性主義的了解。對於女權的體認*合法化了許多我所知道的女人在做選擇上的牢騷和不滿*。同樣的，對於道德性等同於對權利的尊重證成了她所尋找選擇的自由，從限制義務在不干預

的相互性去畫定責任的疆界／畛域。然而現在她視平衡權利以個人為中心的徑路局限，並且宣稱此一作法的挫敗在於它沒有將人際關係的事實列入考量，「一個人類存在中全然不同的面向」。在把個人的生活看成是相互連結並鑲嵌在一個人際關係的社會脈絡中，她拓展了自己的道德視野並包含了**集體生活**的觀點。現在包括了自我和她／他人的責任，被視為是不同但連結的，而非分離和對立的。這一相互依賴性的認知而非僅相應性的考量，增長**了她在某種範圍之內我們都應該彼此照顧的信念。**

　　因為道德問題在衝突情境中產生，在其中**不論我走哪一條路，總會有照顧不到的人；它們的解決方案並不是個簡單的是或非選擇，而是更糟糕的。**在一個拓展到無遠弗屆的人際關係網絡中，一個人受傷的事實會影響到所有的人，把任何一個抉擇的道德性複雜化，並消除了一個清楚確定或簡單解決方案的可能性。因此道德性，並非反對統整性或與一個理念／想的契約相互連**結，是與在想遍了所有牽涉在其中的人以及重要事項之後做決策協同一致，並且選擇負責任。**最後，道德是件關懷／愛的事：

　　　　那是花時間和心血去思考每一件事情。輕易或草率的決定，或者只想到一、兩個因素但事實上妳知道有其他要緊的因素，而那會受到影響，這就是不道德。以道德的方式作決策是盡妳所知所能的思慮周詳。

　　將自己描述為**一個堅強的人**，並承認並非總是覺得自己堅

強，凱特視自己為體貼和小心的，是努力的開始學習著去表達自己和在心態上更為開放，而不像以前那樣的放縱態度。她在運動上的參與促使她在生理上將自己看得很重要，她在女性主義上的涉入也使她嚴肅的看待自己的理念和情緒／感情。對自己更有反應，也更為直接的對別人有反應，她以一個對於責任的嶄新理解包含了權利邏輯的方式描述道德性。不把生命看成是條路徑而是一個妳可以在任何時間挑選不同途徑，因而不是只有一種走法的網路，她明白了衝突是永遠都存在的，而且沒有絕對的因素。唯一以關愛／懷做決策，植基在妳所知道的，並且為選擇負責，同時體認其她方案的合法可能性的真實對照是過程。

在將責任等同於關懷／愛而不是不去傷害，凱特體會到限制性的問題：「以助人而言我們的確對彼此負有責任——但我不知道要到什麼程度」。雖然包容是道德意識的目標，但排除卻也可能在生活／命中是必須的。她所欽羨的人們是那些真正聯絡到她／他們生活中具體情境的人，而她／他們的知識並不是來自抽／撤離，而是從活在她／他們與自我和別人的連結，與在生命情境中的鑲嵌性而來。

於是就某種意義而言，並沒有任何改變。艾略特觀察到了在道德決策上我們沒有適用於所有情境的萬能鑰匙，回到了詭辯家們著重枝微末節的病態精神，在她看來「真理的陰影，在期間心靈和眼睛經常是致命關閉的——有關於道德判斷必須是錯誤和虛妄的真理，除非它們永遠地對一個標示個人處境的特殊情形所檢驗和啓發／蒙」。因此道德判斷必須被成長的洞見和同情所增

長，經歷／驗通則不會促使人們「為一現成的專門方法追求正義，缺乏了發揮耐心、區別、公正的功夫，沒有確保她／他們是否有一個從誘惑中艱辛困苦所得的洞見，或是從一個活潑的和強烈的生命中創造一個寬廣、包容的對所有人民胞物與的知識所豐富」。

然而對於艾略特，至少在這部小說中道德問題是一種「廢棄／自制，一個男人所面臨的是否是個沒有放棄可能性的時機來臨，在其中他沒有能力做選擇，而只能接受那個他極力抗拒和掙扎著侵入一個違禁的領域，卻又努力掙扎著想逃離出來的激情召喚」。激情和義務之間的對立因此把道德和無私的理想綁在一起，即那個麥姬・杜利弗所被激勵並努力追求的完美的良善。

這些（激情和義務的）對立和理想的概念被質疑，因為此概念被奠基在自我和她／他人為平等正義理想的前提／命題。對於一九七〇年代的大學生而言，權利的概念進入了她／他們的思想，並且挑戰了自我犧牲和自我否定的道德觀。質疑否定自我的禁慾主義，並以一個選擇的知覺／意識取代純真的幻影，她／他們掙扎在抓住權利概念的精髓，也就是自我的利益可以被考量為合法的。就此意義而言，權利的想法改變了女人對於自我的概念（理解），使她們視自己為堅強和直接考慮自己的欲／需求。當強調不再被當成是危險的時候，人際關係的概念也就從一個持續性依賴的連結轉變成為一個相互依存的動態情境。然後關愛／懷就從不去傷害別人的麻痺性想法轉化成為以反應性的行動去對待自我和她／他人並保存連結性。一種對於動態的人類人際關係的意識就變

成對道德理解的核心／癥結，在一個把思想的行動和關愛／懷的行動牽連在一起的倫理觀中，構連了心靈和眼睛。

因此藉由女人不僅對她／他人，甚至對自己的關愛想成是道德沉浸正義和憐憫。她們開始注意到她們被排除在外的情形，並透過女性心理學由女性主義者在公領域中提出包容的議題。當對於關愛／懷的考量從不去傷害別人拓展到一個社會關係中的責任理想，女人開始看待自己對於人際關係的理解是個道德強度的來源。但是權利的概念也同時藉由加入對道德問題考量的第二種看法以改變女人，結果使得判斷變得更為包容而且更不絕對。

當自私和自我犧牲變成解釋的問題而責任和權利在緊張中共存時，道德的真理就被心理學的真理所複雜化，而判斷此一事件也就更為錯綜多樣。綴伯的女英雄想要寫一篇*像石頭一樣又硬又圓的詩篇*，卻發現文字和思想的強迫性，她下結論說*如此堅硬而平滑的詩說不出任何事*，並且決定要描述從不同角度看有稜有角的事件，最後發現沒有一個一致的真理。反而在最後觀點的轉換中，她把自己的猜疑推到*一個抽離的第三人稱*，而且再也不防衛對自私的指控，把自己視為一個第一人稱的語音。

第六章

成熟的願景

依附和分離定置了人們的生命週流，也描述了人們生殖的生理學和發展的心理學。描繪嬰兒發展本質和順序的依附與分離的概念在成人前期變成認同和親密（關係），而又在成人期轉化為工作和相愛的議題。然而，這個人們經驗的重述在當被融入一個發展的（位階）順序時，很容易在過程中以被線性化約等同發展於分離的想法中消逝。這個消逝一部分可以從兒童和青少年發展著重中追尋，在其中進展可以輕易地以母親和孩子之間的距離來測量標示。這種作法中的限制最明顯的就在成人發展的說辭中看不見女人所表現出來。

　　以佛吉爾（Virgil）的*與男人牽手歡唱*，心理學家們以聚焦在自我和工作生涯的發展上來訴說成人期。當青年期中的分離想像被視為由後續成人期的依附和關懷／愛所取代時，最近那些依舊是由針對男性所做的探討所呈現的成人發展描述，幾乎沒有提供什麼親密感情和一般關係的寫照。儘管很明顯地在必要的小樣本研究中為女人的排除所困惑（干擾）的丹尼爾・李文森（Daniel Levinson, 1978）卻在設定只有男性的研究以便「*找出一個無遠弗屆的發展概念以便包含發生在成人期當中異質的生物、心理和社會變遷*」（頁8）。

　　*夢想*激發李文森的理念，是由和朱彼得一般的操縱著阿尼那斯旅途航道到一個榮耀命運的預言，同時把男性生命的四季做重要性排序。李文森所書寫的*夢想*也是個光榮的成就願景，其實修正會形塑男人的性格和生活。在李文森分析的寂靜關係中，*亦師亦友者*／*良師*幫助了夢想的實現，而那*特別的*女人則是激勵英雄

形塑自我並活出理想的貴人／益友：當初期的成人試著走出（原生）家庭以便進入成人的世界時，他必須與那些能夠促成自己夢想實現的她／他人形成重要的關係。在這個劇本中最重要的兩個人就是*良師*和*益友*（頁93）。

成人前期的重要人際關係因此被建構成為追求個人成就目標的一種手段，而這些*過客的人物*也必須在夢想實現之際被遺棄或重新建構。然而在這個過程之中她／他們就像狄多一樣變成實現夢想的阻礙，而與她／他們的關係也必須被揚棄*以便讓發展的過程持續下去*。這個過程直截了當地被李文森界定成為一種個人化過程中的「*生命週流，但特別在關鍵的轉換期……個人化的發展過程持續不斷*」。這個過程是*有關於一個人關於他自我和外在環境的改變*，這個人際關係形構了他的*生命結構*（頁195）。

如果在*變成一個頂天立地的男人*的過程中，這個結構被發現是錯誤並且威脅到夢想的遠大期望時，那麼*為了避開嚴重的失誤或衰退*，男人就必須*打破／散*（人際關係）以便挽救他的偉大理想。這個打散的舉動是由一個分離的*標示性事件*做為終極的展現，譬如離開妻子、辭職或者搬到別處去住（頁206）。因此到救贖的中年之道不是通往成就，便是分離。

從人類經驗來看，李文森的選擇和佛吉爾一樣是把成人的發展描繪成為一個邁向光榮命運的精彩奮鬥。就像虔敬的艾尼厄斯（Aeneas）建立羅馬一樣，在李文森研究中的男人執著於實現他們的夢／理想，並且以他們和成功彼岸之間的距離丈量他們的成就。因此在李文森所重述的故事中，不論它們的深度／質感如

何，人際關係在成人發展的人際戲劇中相對而言扮演了附屬的角色。

對於工作的專注在斐依連（George Vaillant, 1977）對生活適應的說辭中也很明顯。與成人適應的相關變數，就像產生資料的訪談一般，絕大多數集中在職／行業上並呼籲拓展艾瑞克森的階段理論。填補入他視之為所謂*不被標示的成長時期／區段*，也就是艾瑞克森所遺留下來介於*二〇年代和四〇年代之間的空白*，斐依連把三〇年代描述為*職志集結*的年代，是在他樣本中的男人尋求似*莎士比亞筆下戰士*「名譽丑角棒」的時期（頁 202）。藉著將此比擬為莎士比亞下的羅馬，親密和慷慨的持續為更深刻個人化和成就化的階段預留空間，且由工作和成功帶來社會認可加冕的形勢所實現。

然而艾瑞克森（1950）觀點中的慷慨卻在這重新預測中逐漸改變。把慷慨當成*建立並且導引下一代*的考量，艾瑞克森把*親職生產性和創造性*中字面上或符號上的實現，當成是一個聚焦在人際關係並執著於採取關愛行動的成人期（頁 267）。在艾瑞克森的說詞裡，慷慨是成人發展的核心階段，它融合了「*男人與生產成果之間的人際關係*」（頁 268）。在斐依連的資料中此一人際關係則被貶抑到中年時期。

在強調慷慨性並非*僅讓微不足道的事物成長*的時期，斐依連以提醒讀者*世間充斥著不負責任的母親，她們在孩子兩歲之前是熱切的孕育和撫養孩子，但之後就絕望／沮喪的不想繼續下去*來駁斥艾瑞克森親職的比擬。為了排除這種女性慷慨從芳香的土壤

中被連根拔起，並被重新界定為「對於個人周遭生物的福祉、領導統御和成長負責任並不僅是種植作物或者撫養小孩」（頁202）。因此艾瑞克森概念的擴充被縮小到只是中年期的發展和一個在關懷／愛上更為局限的過程。

其結果，斐依連強調了人對社會的關係並將自我對她／他人的依附減到最低。在一個有關工作健康、壓力、死亡和一系列的家庭關係的訪談中，斐依連說在他研究中的男人，他所問過最難回答的問題是：「你可否描述一下你的妻子？」這個預期的提醒似乎是從他和一群特別的男人共處所得的經驗，但也指出了他們在適應上的局限，或者是（此一限制）在心理上所承擔／支付的代價。

因此健康生活的範式就是那些看起來在人際關係上疏離，無法清晰描述自己的配偶，但卻體認妻子在自己的生活中有重要貢獻的男人。在自我和她／他人之間同樣感覺有距離，也在李文森的結論「在我們的訪談中友誼大多是隱而不見的。我們可以初步的推論說與男人或女人的親近友誼關係絕少為美國的男人所經歷／驗」。在這個既有的印象中，李文森在討論到成人期的三大（成長）任務（建立及修正生活／命結構、致力於生活／命結構中的單一成分／零件、益加個人化）時是猶豫不決地加上了一段申論：「每個男人也許會有個寬闊的社會網絡，在其中他和許多男人以及幾個女人保持友善的關係。然而絕大多數的男人，除了愉快的回想之外並沒有一個在童稚或者少年時期之後的親密同性友人。許多男人曾有與女人約會的偶發性人際關係，以及或許很

少的或複雜的愛—性關係，但大多數的男人沒有不涉入性的親密異性關係。我們必須了解為何（對男人而言）友誼是如此的稀少，以及這種剝奪會對男人的成人期生活產生什麼樣的衝擊」（頁335）。

因此從另一方面來講，有些研究傳達了一種成人期特性的視野，在其中人際關係是從屬於不斷的個人化和成就取向，而這個過程的進展乃植基在先前的依附並被視為是增加／強從事／進入親密關係的能力。從另一方面說，針對那些被視為生涯可被當作成人期發展典／模範男人的觀察卻指出，他們在處理／涉入人際關係上的能力就某些意義而言是消失了，而且這些成功的男人在情感的表達上存在著嚴重的限制。人際關係經常是以成就語言的成功或失敗所標示並消弭在它們情感的區間中：

四十五歲的拉基是研究中擁有美滿婚姻的男人之一，但當他寫下「也許你不會相信我所說的，我們從來沒有任何爭執」的時候，也許表達了實際上並不如他所意味的那樣。

卡森醫師的傳記顯示了他從認同到親密的艱辛過程，經職志統合最終進入了最廣泛／完整字義的關懷／愛能力……他經歷了離婚、再婚，以及從研究到實際上自己開／執業。他個人的成長持續著，從微不足道的研究者變成有魅力的治療師……展露出自信、妥適、仁慈和掌控局勢……他成人前期特徵的耀動精神重返……很明顯他現今的沮喪／抑鬱是一種情感；但他絕不疲累。在換了一口氣之後他坦承：我在性

方面極端活躍，而那也是個問題。接著他提供了一種精彩的
敘述方式告訴我他最近的一段緋聞／八卦／羅曼史，和他對
於病患父親式的溫暖關懷（斐依連，1997，頁 129，頁 203-
206）。

　　在當斐依連和李文森重述分離導致依附，以及相互性最終造
成個人化的觀點時，影響到了那些他們列舉視為支持他們論據的
男人們的生活。同樣地，在艾瑞克森對於路德和甘地的探討中，
當個人與社會的關係以雄偉壯麗的方式構連時，這兩個男人都嚴
重消弱了從事／經營親密關係的能力，並且和她／他人保持遙遠
的距離。因此在路德執著於信念，就和甘地奉獻於（他所相信
的）真理一般的忽略了周遭和他們最親近的人，只為了努力於彰
顯神的榮耀。這兩個人在在都相似於艾尼納斯朝聖的故事，因為
他也克服了橫亙在赴羅馬旅程中阻礙前進的依附的連結障礙。
　　在這些故事中，除了狄多的哀嚎，女人們都是沈寂無聲的，
她在勸說及威脅艾尼納斯無效後，被後者的劍結束生命。因此在
現有相關成人發現的描述中似乎有個遺／缺失的徑路，一個邁向
相互依賴成熟的人際關係的進展描繪的缺少。雖然分離的實情在
絕大多數的發展教科書中出現，但持續連結的真相卻被遺落或者
推回到女性人物角色出現的背景中。以這樣的方式成人發展茁生
的概念投射在女人生命中一個熟悉的陰影，再次地指向了她們分
離的不完整／全性，把她們說成是攪和在人際關係之中。對女人
而言，分離和依附的發展標示系列性的分布，在青少年期和成人

期當中從某些角度看來是混在一起的。然而，雖然這個混合讓女人在一個注重分離的社會中承擔風險，但它也指向一個目前心理學教本中曖昧不清卻又更寬廣的真實方向。

在初成人期認同和親密交會衝突矛盾中時就凸顯了自我和她／他人的人際關係。同時，我的研究發現，女人和男人所經驗／歷不同的人際關係始終出現在人類發展的文獻中。從分離的不同動力／機制和經由分殊的認同及親密標示了她／他們在成人前期性別認同形成的依附，男性和女性的聲音常是訴說不同實情的重要性，前者強調界定和賦權自我的分離角色，後者則著重創造並維繫人類社群的持續性依附過程。

由於這個對話包含了人類發展中製造緊張（關係）的方言，女性在成人敘事發展的靜默無聲扭曲了階段和順序的概念。因此我試圖在女人敘述她們在成人初期時，重建所有有關自我和道德的概念時女人發展文本中缺失的一部分。聚焦於女人和男人說辭中差異，我的目標是藉由含括兩性的觀點／看法以擴大我們對於發展的理解。儘管我的判斷主要來自一小群受過高等教育的女性，她們卻也明顯的提出了一個對照，使我們非但能夠理解女人的發展中缺少了什麼，同時也知道，女人的發展中又有哪些成分。

這一體認的問題是由一女子大學中一班修習文學的女生，在討論麥卡錫（Mary McCarthy）和喬依思（James Joyce）小說裡所刻畫的一個道德矛盾時指出：

> 我那時覺得身／深陷在一個新的，但之後就非常熟悉的

可怕衝突之中：妳被綑綁、掙扎且無力逃脫於成人生活／命
的陷阱，因為妳兩邊都看到了。而我妥協於像未來一般的場
景中。

《天主教童年的記憶》

我再也不想去服從我不信的事物了，不管你稱它為我的
家庭、我的祖國，或是我的教會：我會盡全力以某種生活方
式或藝術去自在的表現我自己，以我允許自己使用的唯一手
臂為我防禦——沈默、放逐和精明的。

《一位年輕藝術家的畫像》

比較史蒂芬的《非塞爾維亞》（*non serviam*）和麥卡錫的**曲
折航道**，女人們一直決議史蒂芬的是個較佳的選擇。史蒂芬在他
信仰的確定性上是強而有力，並且備有避免敵對的策略；他的認
同情狀清晰並且與一個有力的證成連結。無論如何，他採取了一
個立場。

這些女人希望在清楚的決策和確定性的慾望上像史蒂芬，但
她們卻視自己像瑪麗‧麥卡錫一樣的無助、無力，並且時時都在
妥協。她們與依附、分離連結權力和無能的對照影像直截了當的
陷在女性的發展中，也就是整合性和關愛／懷之間的衝突。在史
蒂芬簡單的建構中，分離像是對於完整和自我表現的賦權條件／
情況，而依附似乎是個麻痺人的陷阱、關懷／愛則是妥協的先
聲。對這些學生而言，麥卡錫的刻畫確認了她們自身對於這種說
法的背書。

但是在小說裡出現了朝向不同成人之路的對照。對史蒂芬而言，擺脫童年意味著放棄人際關係以便保護他自我發展的自由。對瑪麗來說與**童稚道別**意味著放棄自我表現的自由以便保護她／他人和保存人際關係：「**我覺得一種權力的感覺和像凱撒般寬宏大量的氣度充塞在胸中，我將不會為了自私的原因而是為了社群的利益像個成熟、負責任的人一般的含糊其詞**」（頁 162）。這些在自我表達或自我犧牲上殊異的認同建構，為將來的發展製造了不同的問題——前者是人類連結的問題，後者則為真實性的問題。然而這些看來不一樣的問題是密切關聯在一起的，因為真理的退縮製造了關係中的距離，而分離則拿走了部分的真理。在成人初期所做的大學生研究，男人從放逐中的回歸和沉寂，與女人從含糊中返回相互平行，一直到親密和真理交融在發現整合和關懷／愛的連結當中。接著只有在聲調上的不同，顯露了男人和女人從一開始就知道她／他們在後來透過經歷／驗的察覺。

　　在課堂中女學生對於偏好史蒂芬自我反對的立即選擇，是和她們在研究中似孩童般的輕易道歉對應的。在這個研究中有不同數目的女性和男性，代表了班級中女性和男性在政治和道德選擇上的分配。在二十七歲時，五位研究中的女性全部都努力在追求自己的事業——兩位在醫學院、一位在法律系、一位在念研究所，一位是工會組織的領袖。在畢業之後的五年有三位結了婚，其中並有一位生了個孩子。

　　當她們在二十七歲時被問道：妳如何向妳描述自己？一位拒絕回答，其他四位則：

這個聽起來有點怪，但我想到所有和母性有關的角色。
我看自己是在扮演著撫育的角色，也許不是現在，但或許是
將來吧，一位醫師和母親……我很難只想到自己而不想周遭
和我有關的人。

（克萊爾）

　　我大概算是認真工作、體貼和負責任的人，至於缺點，
我有時會在決策上猶豫、害怕做事和負責任，我想那是我最
大的的衝突……我生命／活中另外一個很大的因素是我的先生，
因為我總是想盡力的幫他的忙。

（列斯莉）

　　我神經緊張、我不安但很友善、我對人很機靈……我正
面的想法比負面的想法多。我很容易相處、很仁慈而且不常
生氣。如果有一個詞對我來說代表了許多意義的話，那就是
我是被收養的。

（艾瑞佳）

　　我變了很多。上次訪談時（二十二歲）我覺得自己是個
熱中於成長和努力工作的人，但在最近這兩年看起來我好像
正好相反，而這也是最讓我煩惱的，我一直認為我沒有成長。
但事實上，我是有成長，但失敗的是我和湯姆分手的方式。
我和湯姆的事讓我覺得我沒有成長……最近我一直碰到的就
是我描述自己的方式，我的行為並不都是像那樣。譬如說我
把湯姆傷得很重／深，那也讓我很困擾。因此我把自己想成

是不去傷害別人的人，但我卻重傷了他，那讓我負擔很重，也就是我會在無意間傷害別人。或者最近我感覺我會坐下來把自己的原則、價值觀，和自我認知說出來，但實際上做出來的卻和這些不大相同。妳能說自己不想傷人，但卻可能因為有些與妳相關的事造成傷害的後果，或者妳說這是我的原則但當事情發生而妳身處在其中時，妳也並不是真的依照自己喜歡的方式在做事……因此我認為我自己是矛盾和混淆的。

（湳）

認同和親密的融合這個一再出現在女性發展過程中的現象，或許再清楚不過的展現在這些自述中。在被要求自我描述的反應中，所有的女人在敘述一段人際關係時，把她們的身分以將來的母親、現任的妻子、收養的女兒或過去的戀人等角色展示。同樣地，提供她們自我評量的道德標準也是人際關係的標準，一個撫育、責任和關愛／懷的倫理。以依附活動中她們的強度作測量（給與、幫忙、仁慈、不傷害），這些有成就和成功的女性並沒有在自述的脈絡中提到她們在學術和專業上的優異表現。她們覺得自己的專業活動危及了她們的自我意識，而她們在成就的追求和關愛／懷中遭遇的衝突使她們不是在判斷上難以抉擇就是覺得自己被出賣。湳的解釋是：

當我初次申請醫學院時，我覺得我是個關懷別人並且可以用某些方式照顧她／他們的人，而我最近這幾年所遭遇的問題是我能給我自己什麼，我如何使用自己的時間以及我要

對別人做些什麼。醫學儘管看起來就像是要做這些的專業，但卻會干擾到妳所做的事情。對我來講這像是我都沒有成長，像是在水裡站著游泳，試著去對付我所做的事，讓我很忿怒，因為那並不是我期望事情發展的方向／式。

因此在所有女人的陳述中，身分是在一組人際關係的網絡中被界定，並且是被一種責任和關懷／愛的標準所評估／判斷。同樣的，道德也被這些女人看成是連結的經驗中產生的、是個含蓄而非平衡不同訴求的問題。道德乃由依附所生的的基底前提清楚地顯現在克萊爾回答漢茲在是否該去偷竊昂貴藥品以便挽救妻子性命的難題中。解釋漢茲為何該偷藥，她申論了她植基於社會事實的觀點／視野：

> 只有自己時，事物並沒有太大的意義。就像一個巴掌拍不響一樣，如果只有一個人，那就是有缺陷的。對我而言集體是重要的，而集體則是植基在某些指引的原則，其中的一個就是每個人都屬於它並從其中出身。妳必須愛別人，因為也許妳不喜歡她／他們，但妳無法和她／他們分開。就某種意義上，那像是愛妳的右手。**她／他們是你的一部分**；其他人是和妳連結的巨大集合體的一個部分。

對這位激勵人心、有母性的醫師而言，一隻手所拍的掌聲並不像是個超驗的奇蹟，反而是個人性的怪異，一個個人站立在相互連結社會事實中的幻景。

對男人來說，認同的音調是不同的、清晰的、更為直接的、更為獨特和犀利的。即使在貶抑那個概念時，他們也散出了一些真實。雖然男人所描繪的自我世界中有時包括了*人们和很深的依附／賴*，但卻沒有特定的人被提及，同時也沒有刻畫相關的人際關係活動。取代女人所使用的依附動詞是分離的形容詞——*聰明的、邏輯的、有想像力的、誠實的*，有時甚至是*傲慢的和神氣的*。因此男性的我是分離所界定，儘管他們說有*真實的聯繫、很深的情感*，甚至希望自己能有。

在一個到達一半數量的隨機取樣樣本中，在職業和婚姻狀況中與女性相同的男性起先被要求作自我描述的反應是：

> 邏輯的、折衷、外向式的冷靜。如果我的陳述看起來很短或者突兀，那是因為我的背景和所受的訓練。建築的陳述必須簡短扼要。我承認這些都是在情感的層次上。我認為我自己是受過教育的、合理的聰明。

> 我會說我是個有一點點傲慢的、熱誠的和激情的人。關懷別人、執著，而且現在很累因為昨晚沒有睡多少。

> 我會把自己描述成在智識和情感上都發展很好的人。相對於我狹窄的朋友圈，我在專業或社區中認識的人比較多。我有點自滿於我的智識技巧和發展，滿意於感情上的發展，那個我並不積極追求的目標。我很想拓展自己在情感上的部分。

聰明、眼光獨到──我可是坦誠相見的──有點保留，尤其對於別人的情境特別是權威人物時。有長進，比以前放鬆不緊張。有些瘋，很難說那和其他衝突的關聯性。有想像力，有時候太過了。有點萬事通，對許多是有興趣，但不見得會深入地去追求，而且我現在在改進這一點。

我大概會從敘述個人歷史諸如對出生成長之類的事情開始介紹，但我並不滿意那樣，因為那一成不變。那樣好像不是我的本質，也許我會決定另一個徒勞的企圖，因為沒有所謂我的本質的這回事，而且這聽起來很無聊……我不認為有我自己這種說法。我坐在這裡，明天我又在那兒，諸如此類的。

有進步和誠實的。

我覺得在表面上我像是一個輕鬆和很容易相處的人，但我想其實我比任一個都要更緊張一點。我傾向於很容易緊張。有點像是嗅得出危險的氣氛而戒慎恐懼，或者也許是太神氣了。沒有像自己所期望的那樣思慮周全。有一些頑固／偏執，不容易感情用事。我有強烈的感情，但我不是相識滿天下的人。我有幾個好友，對他／她們有強烈的依附。就展現的意義而言我也喜歡許多事物。

我想我是有創意和有些精神分裂的……這相當程度是我成長的方式所造成。我有一種對於田園生活的渴望，但同時

我也欲求那種必須在滾滾紅塵攪和才能得到的聲色和名望。

其中兩個男人開始評論到一般性而別人不確定，但他們最後卻還是返回了偉大的理念或者在名聲上的追求：

> 我相信基本上我是個有尊嚴的人。我覺得我很喜歡人，而且我也喜歡這一點。我從和人相處、互動中得到樂趣。甚至是和那些我並不很熟的人。當我說我是有尊嚴的人，我想讓我有尊嚴的事情是我喜歡人，那真是個好的特質。我覺得我很聰明。我有些失落，也許不像我自己喜歡的那樣去採取行動──至於那是否因為缺乏能激勵我的人，我並不知道──沒有成就／完成事物、缺少獲得並且不知道要去哪，或者做什麼事情。我想大多數人尤其是醫師大概都知道未來四年要做些什麼。我（一位實習醫師）是一無所知的……我有些很棒的想法……但那就只是想法。

> 我覺得我喜歡去想的事對我而言也是重要的事，我知道／察覺周遭的事、旁人的需求，以及事實上我樂於服務人群。我想對我來說這大概是件好事吧，但我不確定是不是每個人都這樣。我想有些人的工作就是替別人做事，但她／他們並不喜歡自己的工作。偶而我也是這樣，比如說做家事，我老是在做同樣（一成不變）的事，最後我就像別人一樣開始討厭（家事）了。

在這些男人的自述中與她／他人的來往是與認同條件的連結

而不是它的實現。取代了依附，個人成就牢牢吸住了男性的想像
力；而偉大的理念或有名的活動界定了自我評估和成功的標準。

　　因此在從青少年期到成人期的轉折中，身分和親密的系列性
排序比較恰當／妥適地符合男人的情況而不符合女性的發展。權
力和分離把男人經由工作所獲致的成就穩固住，但也拉開了男人
和別人的距離，使得別人很難進入男人的視線。克瑞元利催促戴
德拉斯為了母親去執行他復活節任務時提醒他：

　　　　你的媽媽一定吃了許多苦／受了很多的罪……你會讓她
　　不再吃苦受罪嗎，還是你要繼續如此？史蒂芬說，如果我能
　　的話，那得不浪費我太多力氣。

　　這樣距離下的親密變成把自我帶回和別人連結的重要經驗，
使人能夠看到事物的兩面——發現行動對別人造成的後果和自己
所必須付出的代價。人際關係的經驗終結了孤獨，若不然後者逐
漸形成冷漠，一種不顧她人死活的自私，即使伴隨著一個尊重別
人權利的意願。就此而言，親密是男性的轉換性經驗，經由它青
少年期的認同變為成人期創造性的愛情與工作。在此過程中，就
如艾瑞克森（1964）所觀察到的，經由親密所獲致的知識把成人
前期意識型態的道德觀轉化成為關懷／愛的成人倫理。

　　由於女人是經由親密和關愛的人際關係來界定她們的身分，
她們所遭逢的道德問題就是屬於另外一種議題。當人際關係的固
著模稜兩可的由掩蓋慾望而衝突的避免所達成，那麼人際關係和

真理重點的混淆就產生了。在向祖父母描述她的**再現**，麥卡錫解釋道：

> 通常我告訴她／他們籠統、含混的事，為的是得到認可／讚許（因為除了其他的考量之外，我喜歡她／他們並且試圖把自己融入祖父母的看法當中），因而除了回答直截了當的問題，我幾乎不知道自己說的是真的／對的還是假的／錯的。我真正嘗試著不要說謊，但在我看來她／他們以不同的視野／觀點逼得我不得不用逾越真實，但她／他們可以理解的方式說明。我在真相之間猶疑，為了保持事物正確性和我的良知一致我搖擺不定就像是為了謹慎。

重要的經驗變成了不是親密而是選擇，創造了一個澄清對於任何真實情狀之間的自我遭逢。

因此在青少年期到成人期的轉折，對兩性而言衝突是同一個，也就是在整合性和關懷／愛之間的矛盾。但是從不同的觀點來看，這個矛盾卻產生了對於對立真理的體認。這些相異的看法反映在兩種道德的意識型態上，因為分離是由權利的倫理所證成，而依附則是被一個關愛／懷的倫理所支持。

權利的道德對平等有負面的衝擊，而且它著重在公平，但責任的倫理依賴公平的概念，體認有需要（的人）的差異。權利的倫理是同樣尊重的宣稱，平衡她／他人和自我的訴求，責任的倫理植基於能夠產生激情和關愛／懷的理解。因此那標示著童稚和成人之間階段的身分和親密的對立觀點，是由兩種不同的道德意

識型態推導而成；而它們在於成熟的發現上相輔相成。

這一個對稱性的發現是由一個在道德衝突和選擇個人經驗的探討提問所獲致的。兩位從樣本中選出的律師顯示了在兩性之間的判斷差異，如何透過找到對方的看法和在整合性關愛／懷之間的關係而得到解決。

麥卡錫提到的在責任和真理之間的矛盾由一位女律師希拉瑞所重述，她說在一個艱辛困苦的星期後她發現她很難自我描述。她也像麥卡錫一樣認為自我犧牲的舉動是勇敢的和值得讚許的，並解釋道：「如果地球上的每一個人都以一種關懷她／他人、勇敢的方式採取行動的話，這個世界會變得更好，也許就沒有犯罪和貧窮了」。然而這一個自我犧牲和關愛／懷的道德理想不但使她在人際關係中遭逢無法避免的麻煩，也在每個人對立的真理和情感也無可避免的受到傷害。同時在法庭中，儘管她關心對方的案主，她也決定不要讓對方打贏官司。

在這兩個例子裡，她發現那絕對不傷害她／他人的原則，在於她所面對實際問題的解決並不足以成為一個充分的指引。她在意圖和結果之間的差距和在選擇實際限制上的發現，使得她明白在某些情況中實在無法不造成傷害。在面對她個人和專業生活中的這種衝突時，她並不放棄選擇的責任而是宣稱把她自己含括在那些她認為在道德上不可以傷害人的權利。她包容的道德觀現在包含了對自己誠實的成分，讓她可以有兩個判斷的原則，但它們的整合是她現在還看不出來的。但她的確明白的是整合性關愛／懷必須被包含在一個能夠容納產生在成人生活中，且由工作和愛

情所生的矛盾道德觀中。

　　邁向那伴隨放棄極端的行動，同時也被派瑞（William Perry, 1968）在思考描繪成人期早年的智識和道德上的發展軌跡考慮到。派瑞敘述了在思考上標示了從相信絕對及答案有明確對錯的認識，轉化到真理和選擇脈絡相對性理解的變化。此一轉化及其對於道德判斷上的衝擊，可以在大學畢業之後五年的女人和男人在道德理解上的變遷區別出來（Gilligan and Murphy, 1979; Murphy and Gilligan, 1980）。雖然在這個階段兩性都從極端上轉開，但極端對不同的性別有迥異的意義。在女性的發展中絕對的關懷／愛，起先被定義成不去傷害別人，經由體認對個人統整性的需求而變得很複雜。這一體認產生了對鑲嵌在權利概念中的平等宣稱／要求，也改變了人際關係的理解並轉換了關愛／懷的定義。對男性而言，由平等和互相性所界定的真理和公平的絕對觀念是存在，並被展現在她／他人和自我之間的差異所質疑。接著多重真理的知覺／意識導致平等朝向相對的對等，也促生了慷慨和關心的倫理。對兩性而言，道德決定兩種脈絡的存在，使得判斷定義上就是相對也導致一種對於責任和選擇的嶄新理解。

　　對於差異事實的發現，以及隨之而來的道德和真理的脈絡性本質，也被一位在大學生研究中的男性律師亞力斯所陳述，他在進入法學院之後「明白自己是一無所知的」和「你從不知道有任何絕對正確的事，我相信你不知道。你知道自己知道的是好歹得走一條路。你必須做個抉擇」。

　　對於自己不知道所有事情的知覺，是從一段讓他完全無法預

期的關係結束所產生的痛苦。他事後發現女人的經驗與他的不
同，他才明白在他自己以為很親密的關係中，實際上距離是如此
的遙遠。接著那道德價值的邏輯性階序，那個先前他說認定的絕
對真理變得是對親密關係的障礙而不是個人統整性的城堡。在當
他的道德概念開始轉變的時候，他的思想著重在人際關係的議
題，而他對於正義的關心也被一個人類依附性的新理解所轉換／
複雜化。把依附的原則解釋成為造成他開始改變他看待道德問題
的方式，亞力斯察覺了一種對於拓展並超越公平的思考以涵蓋對
人際關係顧慮的需要：

　　　人們有真實情感上的需要在依附某些事物上，而平等並
　　不給妳／你依附。平等破壞社會並且將每個人套上了必須只
　　能依靠自己的桎梏。

　　雖然平等是一個人可以依賴的新鮮／活潑事物，但只靠平等
並無法完全解決從生命／活中所產生出來選擇上的衝突。基於此
一攸關責任的嶄新理解和選擇的真實結果，亞力斯說「你不想只
注重平等。你想去明白人們將如何去面對，處理她／他們生活的
方式」。體認了在判斷上需要有兩個脈絡，他還是發現它們的整
合是很困難的，因為有些時候不管你怎麼做有些人會受傷而且有
人甚至會受到永久的傷害。然後他說你就會遇到一個無解的難
題，而選擇就會變成選擇受害者的事情而不是做善事。隨著體會
這種選擇所會產生的責任，他的判斷變成更敏感於行動的心理和

社會後果，以及在歷史性世界中人們生活的真實性。

因此，從一個極為不同的起點，對於不同的正義和關懷／愛的意識型態，研究中的男性和女性在成為成人的過程中逐漸增加了對這兩種不同看法的理解，以致於到達了判斷的匯聚點。體認了正義和關心的雙重脈絡，她／他們明白了判斷端賴問題被如何地架構。

但由是觀之，發展概念的本身也是依靠著它所被框架的脈絡，而成人時期的成熟願景在被女性而非男性刻畫時也會有所轉移。當女性建構成人的領域時，人際關係的世界就浮現並且成為關注和顧慮的焦點。麥克里蘭（1975）注意到了女人憧憬力量的移轉，觀察到了**女人比男人更為關懷相互依賴關係中的雙方**，而**且更快發現她們自己是相互依賴的**（頁 85-86）。這個對於相互依賴的注重展現在將權力等同於施捨和關愛／懷的憧憬中。麥克里蘭指出男性把強而有力的活動表現成自我強調和攻擊，相對地女性卻把撫育刻畫為有力量的舉動。認為他針對權力的研究在於處理**特別是成熟的特色**，他建議成熟的女人和男人是以不同的形式／風格和世界關聯。

女人對於權力採取不同的取向也是米樂（Jean Baker Miller）分析的主題。專注在支配和從屬的關係，她發現女人在這些關係中的情況提供了理解心理學順序上一個重要的關鍵。這個順序是從差異的關係，在男人和女人以及雙親和孩子之間的關係所促生的，它創造了**一個環境──家庭組織──在其中如我們所知的人類心靈得以形成**（1976，頁 1）。由於在絕大多數的情境裡，這

些差異的人際關係包含了一個不平等的因素，它們預設了一個屬
於權力使用的道德面向。在這基礎上米樂區別了暫時和永久的不
平等關係，前者代表了人類發展的脈絡，後者則是一種壓迫的情
況。在短暫的不平等關係中，例如：父母與兒童或者老師對學
生，理想上權力是用在儲備以消除原先差距的成長／發展上。在
永久的不平等關係上，權力包含了支配和從屬，而壓迫則是被**解
釋**它維持必要性的理論所理由化。

　　以這種方式專注在不平等人類生活中的面向上，米樂指認出
女人所身處的暫時性和永久性不平等人際關係中的綜合，所產生
出來的獨特心理學／狀態。在支配撫育暫時關係時隨著不平等的
溶解而消除，女人們從屬在永久性不平等的地位和權力的人際關
係中。此外，雖然在社會位置中從屬於男人，但女人卻也同時夾
纏不清地和男人糾結在成人性取向，和家庭生活裡的親密有深度
的關係中。因此女性的心理學反應了相互依賴人際關係中的兩
邊，以及使得此種關係得以產生的道德可能性。因此女人是相當
理想的被定置在觀察人類連結中的關愛與壓迫的潛勢位階上。

　　這一獨特的觀察方式激發了史戴客（Carol Stack, 1975）和魯
冰（Lillian Rubin, 1976）的研究，她們在進入了先前由男性視野
所認知的世界，返回並給與我們一個不同的報告。在都市的黑人
貧民區，別人看到失序、混亂和家庭解組的地方，史戴客找到了
那描繪組織黑人貧窮家庭的交換網絡結構。在觀察勞工階級白人
家庭時，魯冰藉由刻畫出在社會和經濟弱勢的情境中要養一個家
所必須付出的**痛苦世界**的代價，以駁斥**富裕和快樂的工人**的迷

思。這兩位女性都是在描述一個那維繫保護和關愛／懷成人期的
人際關係家庭功能，但同時也是個保持經濟依賴和社會從屬人際
關係的社會系統。因此她們指出階級、種族和族群是如何地被用
來證成和理由化一個藉剝削某些人，而使其他人得利的持續性不
平等經濟系統。

　　在她們分析的不同領域，這兩個女人在別人認為混亂失序的
地方找／看到了秩序——在女性的心理學、都市的黑人家庭，以
及社會階級的複製中。這些發現需要新的分析模式和更多民族誌
式的徑路，以便延伸建構她們所得以產生秩序和意義的成人生
活。直到史戴客把家庭界定成最小規模／層級，及那些彼此互動
的親屬和非親屬組織和持續的網絡，它提供了兒童居家的需要滿
足並確保他／她們生存，她無法在國民住宅的世界中發現家庭。
唯有「文化特指某些概念的定義，諸如家庭、親族、雙親、和朋
友等浮現在此一研究方才使得其後的分析成為可能……一個專斷
的把大家接受的定義強加……只會阻擋人們對於明白住民是如何
在國民住宅描述、排序她／她們身處的生活世界」（頁31）。

　　同樣的，米樂呼籲一個得以體認女人發展不同起點的女人新
心理學，那女人與她／他人跟隨、依附的脈絡中停留、建立和發
展的事實，那女人對自我的感覺變成大體上／相當程度的環繞在
能夠製造、並且維繫依附和人際關係上，以及對許多女人而言終
極地對於一個依附干擾的威脅，不只是被視為是一個／段人際關
係的挫傷事件，而是一件接近失去整個自我的嚴重事件。雖然此
一心理結構現在在女人心理疾病學中是相當熟悉的論調，但一般

人多沒有體認這個心理的起點，包含了對於生活和功能性完全不同（並且是更為進步）徑路的可能性……（在其中）依附著和自我增進一般或者更高的價值（頁83）。因此，米樂指向一個體認發展並沒有取代持續性依附的價值，和關愛／懷在人際關係中始終存在重要性的成人期心理學。

魯冰的探討中，極為明顯的提出先前測量標準的局限性，和一個對於更為系統化詮釋的需求。魯冰推翻了家庭生活在那兒都一樣的幻覺／景，或者次文化差異可以被不管階級的社會經濟現實性而獨自評估。因此勞工階級家庭並不是因為它們有缺陷，它們有非主流的文化複製自己，對大多數的孩子們而言她／他們沒有選擇的餘地，儘管我們有著許多人深信不疑的社會流動迷思（頁 210-211）。勞工階級孩子們的暫時不平等因而轉變成為勞工階級成人永久的不平等，身／深陷在腐蝕／消融家庭生活品質的社會流動潮流中。

就如那描述女人對權力憧憬的故事一般，女人對於成人期的刻畫，傳達了一個社會事實的不同感覺。在她們對感情的介紹中，女人把男性傾向分離的偏見以自我與她／他人在愛情和工作中的互相依賴取而代之。藉由把觀察發展的鏡頭從個人成就轉換到關懷／愛的人際關係中，女人把持續依附描繪成是通往成熟的道路。因此發展的母體朝著標示依附性人際關係的進展轉移。

這一個轉移的推論在我們思考中年女性的情境時就相當明確。在人們傾向於以了無新意的青少年分離和成長畫筆去描繪成人期發展的未知領域時，女人們的中年生涯很容易就被看成像是

退縮回到了青少年時期。這樣的詮釋方式一直都很有說服力，因為主要由研究男性所導引出來的有關生命週流的描述，產生了一種由於女人差異，因而顯得有所不足的看法。女性發展的偏差在青少年時期是格外的明顯，因為通常在那個階段，女孩好像藉由與別人的人際關係而界定她們自己以混淆了身分和親密。從這種身分認定模式所留下來的理解被認為是個脆弱的自我，對於在中年時期所產生攸關分離的議題。

　　但這樣的建構方式流露出一個以男性標準衡量女性發展說詞的局限性，它同時也忽視了另一種真理的可能性。由是觀之，女性在人際關係之中鑲嵌的觀察，她們對相互依賴的取向、她們對於獲得關懷／愛的從屬，以及她們在競爭性成功上的衝突，使得她們在中年期所遭受的風險看起來像是對社會的陳述，而不是女性發展上的問題。

　　以青少年的詞彙建構中年，也就是像一個認同和分離的危機，忽略了兩者之間所發生的事實，並撕裂了愛情和工作的歷史。就如斐依連研究男人的資料所顯示的，在中年期開始慷慨，從女性的觀點來看對兩性都太遲了，因為生育和養育孩子通常在前些年就開始。同樣的，視女性如孩童般的到達中年並且依賴她／他人，其實是忽視了她們在生養和維繫人際關係上所做的關懷／愛。因此這些問題顯示出它是個建構，也就是個判斷而非真理性的議題。

　　女人以和男人不同的方式觀看和建構社會真實證據以及這些差異集中在依附和分離的經驗時，我們可期望變異性牽扯到這些

經驗的生命轉折對女人有其特殊的意義。因為女人對於統整性的感覺好像是和一個關愛／懷的倫理糾結在一起，因此她們視自己為女性也就是看自己在連結關係中，女人生命中的主要轉折看來會牽涉到關懷／愛活動和理解上的改變。從童稚期到成人期的變化無疑地經歷了一個重要的對於關愛／懷的重新界定。當幫助和討好之間的區別釋放了從她／他人讚許的關照活動，責任的倫理就可以變成是一個自我選擇的個人統整性和力量的定置。

同樣的道理，中年期的事件——停經以及家庭和工作中的變化——會以一種影響她自我意識的方式改變一位女性的關心活動。若中年造成人際關係的結束，及對於她所依賴的連結和那些她用來以判斷自己價值的活動終止，那麼伴隨著所有生命轉折的悲傷就會讓位給自我欺瞞和絕望的憂鬱。中年事件的意義對一位女性而言，因而就反應了在她思想結構和她生命真實情境中的互動。當精神官能和真實衝突之間的差別被建立，以及在選擇上猶豫不決和實際上沒有選擇／被迫分開的時候，那麼就可能更清晰的看出女性的經驗是如何提供了了解成人生活／命核心真理的主要關鍵。避免將她的生理視為不可避免的／命中注定而留下次等的疤痕（Freud, 1931），人們反而可以看到如何促生一種照亮兩性且稀鬆平常的生命經驗：妳／你一輩子也不可把生命看完／透、看不見的事物是與時俱變的、通向滿足的道路有許多條，以及自我和她／他人之間的疆界並不像有時候我們所見得如此清晰。

因此女性不僅是以一個與男性不同的心理歷史到達中年期，和在那時面對一個不同的社會真實且在工作和愛情上的不同可能

性；同時她們也因植基在人際關係上的知識而產生了一種不同的經驗感覺。由於連結的真實是已知而非立約式的為女性所經歷，她們到達了一個能夠反映自治／主和對生命／活控制局限性的理解。其結果就是女性的發展不僅刻畫了一個比較不暴力，同時也是經由照顧和相互依賴以實現成熟的通道。

在他對兒童道德判斷的研究中，皮亞傑（1932/1965）描述了一個由限制轉到合作，再由合作轉向慷慨的三階段的進程。在這架構中他指出了在學校中，每天玩在一起的同年級小孩要花多久時間才能夠獲致她們遊戲規則的一致性理解。然而此一協議顯示了一個在行動上主要重新導向的完成，經由它限制的道德變化成為合作的道德觀。但是他也注意到了兒童們對於自我和她／他人之間差異的體認是如何地導致一個把平等性相對化的朝向對稱性的改變，同時也是正義與愛的融合。

現在看起來對女人和男人所共同享有的成人期似乎只有部分的一致／協議。在缺乏相互了解下，兩性之間的人際關係還是在不同的程度上有類似的限制，展現出皮亞傑所謂的**自我中心的矛盾**，一個對規則迷思式的遵從混同了每個人為所欲為的自掃門前雪心態（頁61）。為了追求一個提示在成人期中以合作、慷慨和愛為特色的人類發展的生命週流理解，我們必須納入女人和男人的生命／活內容。

在成人發展的研究中，我們最迫切需要著力的議題是**以女人自己的語言**描繪她們成人生活／命的經驗。我自己的研究顯示出，女性的經驗替我們帶來了對人類發展的理解，一個改變詮釋

的基礎建構新的有關人際關係的視野。認同概念拓展到包含了互相連結的經驗。道德領域也同樣的藉由容納在人際關係中的責任和關愛／懷而擴大了版圖。基礎的認識論也從希臘將相關知識當成是心靈和形式之間連結的理念，從而轉化為舊約時期將知曉視為一人際關係過程／的範式。

再現成人期中的女性和男性以不同的觀察提供了許多證據，我們需要能夠詳細說明那些在婚姻、家庭和工作等人際關係中差異效果的不同探討。我的研究建議／暗示男人和女人會說那些她／他們以為一樣但其實不同的話語，以相似的字眼去將自我和社會的迥異關係組碼。由於這些語言共享重疊的道德字彙，它們包含了系統性誤譯的傾向，製造了那些阻礙溝通和限制了人際關係中合作和關愛／懷潛力的誤解。然而同時這些語言以重要的方式彼此相連結。就如同責任的語言替人際關係提供了一個網狀影像，並取代了當平等出現時就消融的層級性排序一般，權利的語言強調了在關愛／懷網絡中不僅包括別人同時也有自己的重要性。

幾個世紀以來，我們總是聽到男人的聲音以及由他們的經驗所激發出來的發展理論，但現在我們才剛開始注意到困難的不僅是女性的沈默，同時她們在訴說時我們也無法傾聽（清楚）。然而在女性不同的語音中有著一個關懷／愛倫理的真理，一個介於人際關係和責任的連帶，以及在連結失敗時攻擊的起源。無法正常看待女人生活／命的不同真實和無法聽出她們語音的差異部分，是因為只有一種社會經驗和詮釋模式的前提所生。藉著列出兩種不同的模式，我們獲致一個更為複雜的人類經驗的詮釋，它

以女性和男性的生活／命來看分離與依附，並體認這些真理是如何被不同語言和思想所夾帶。

　　理解責任和權利之間的緊張關係是如何維繫了人類發展的辨證，是看待兩種最終連結在一起的不同經驗模式間之整合性。正義倫理是從平等的前提所生——每個人都必須被同樣的方式對待——關懷的倫理則植基在非暴力——沒有人該受傷害。在成熟性的再現裡，兩種觀點交結在明白不平等負向的衝擊了在不平等關係中的兩方，暴力對所有情境中的人都是具有毀滅性的。這個在公平和關愛／懷之間的對話，不僅提供了一個在兩性之間人際關係的較佳理解，它同時也促生了一個成人期在工作和家庭關係中更為完整的刻畫。

　　佛洛依德和皮亞傑提醒了我們，應當注意兒童在情緒和思考之間的差異，以便我們能以更多的關注和愛對他／她們一般。同樣的，對於女性經驗和理解中差異的體認，也拓展了我們對成熟理解的視野並指向一個發展性真理的脈絡性本質。經由這樣一個在看法上的擴充，我們可以開始看到成人發展中的婚姻是如何在現今被社會所刻畫，而女性的發展可以導向一個人類發展的另類觀點，以及一個人類生活／命中更具生產性的新視界。

參考書目

Belenky, Mary F. "Conflict and Development: A Longitudinal Study of the Impact of Abortion Decisions on Moral Judgments of Adolescent and Adult Women." PhD. Diss., Harvard University, 1978.

Bergling, Kurt. *Moral Development: The Validity of Kohlberg's Theory.* Stockholm Studies in Educational Psychology 23. Stockholm, Sweden: Almqvist and Wiksell International, 1981.

Bergman, Ingmar. *Wild Strawberries* (1957). In *Four Screen Plays of Ingmar Bergman,* trans. Lars Malmstrom and David Kushner. New York: Simon and Schuster, 1960.

Bettelheim, Bruno. "The Problem of Generations." In E. Erikson, ed., *The Challenge of Youth.* New York: Doubleday, 1965.

———. *The Uses of Enchantment.* New York: Alfred A. Knopf, 1976.

Blos, Peter. "The Second Individuation Process of Adolescence." In A. Freud, ed., *The Psychoanalytic Study of the Child,* vol. 22. New York: International Universities Press, 1967.

Broverman, I., Vogel, S., Broverman, D., Clarkson, F., and Rosenkrantz, P. "Sex-role Stereotypes: A Current Appraisal." *Journal of Social Issues* 28 (1972): 59–78.

Chekhov, Anton. *The Cherry Orchard* (1904). In *Best Plays by Chekhov,* trans. Stark Young. New York: The Modern Library, 1956.

Chodorow, Nancy. "Family Structure and Feminine Personality." In M. Z. Rosaldo and L. Lamphere, eds., *Woman, Culture and Society.* Stanford: Stanford University Press, 1974.

———. *The Reproduction of Mothering.* Berkeley: University of California Press, 1978.

Coles, Robert. *Children of Crisis.* Boston: Little, Brown, 1964.

Didion, Joan. "The Women's Movement." *New York Times Book Review,* July 30, 1972, pp. 1–2, 14.

Douvan, Elizabeth, and Adelson, Joseph. *The Adolescent Experience.* New York: John Wiley and Sons, 1966.

Drabble, Margaret. *The Waterfall.* Hammondsworth, Eng.: Penguin Books, 1969.

Edwards, Carolyn P. "Societal Complexity and Moral Development: A Kenyan Study." *Ethos* 3 (1975): 505–527.

Eliot, George. *The Mill on the Floss* (1860). New York: New American Library, 1965.

Erikson, Erik H. *Childhood and Society.* New York: W. W. Norton, 1950.

————. *Young Man Luther.* New York: W. W. Norton, 1958.

————. *Insight and Responsibility.* New York: W. W. Norton, 1964.

————. *Identity: Youth and Crisis.* New York: W. W. Norton, 1968.

————. *Gandhi's Truth.* New York: W. W. Norton, 1969.

————. "Reflections on Dr. Borg's Life Cycle." *Daedalus 105* (1976): 1–29. (Also in Erikson, ed., *Adulthood.* New York: W. W. Norton, 1978.)

Freud, Sigmund. *The Standard Edition of the Complete Psychological Works of Sigmund Freud,* trans. and ed. James Strachey. London: The Hogarth Press, 1961.

————. *Three Essays on the Theory of Sexuality* (1905). Vol. VII.

————. "Civilized Sexual Morality and Modern Nervous Illness" (1908). Vol. IX.

————. "On Narcissism: An Introduction" (1914). Vol. XIV.

————. "Some Psychical Consequences of the Anatomical Distinction Between the Sexes" (1925). Vol. XIX.

————. *The Question of Lay Analysis* (1926). Vol. XX.

————. *Civilization and Its Discontents* (1930/1929). Vol. XXI.

————. "Female Sexuality" (1931). Vol. XXI.

————. *New Introductory Lectures on Psycho-analysis. (1933/1932).* Vol. XXII.

Gilligan, Carol, "Moral Development in the College Years." In A. Chickering, ed., *The Modern American College.* San Francisco: Jossey-Bass, 1981.

Gilligan, Carol, and Belenky, Mary F. "A Naturalistic Study of Abortion Decisions." In R. Selman and R. Yando, eds., *Clinical-Developmental Psychology.* New Directions for Child Development, no. 7. San Francisco: Jossey-Bass, 1980.

Gilligan, Carol, and Murphy, John Michael. "Development from Adolescence to Adulthood: The Philosopher and the 'Dilemma of the Fact.'" In D. Kuhn, ed., *Intellectual Development Beyond Childhood.* New Directions for Child Development, no. 5. San Francisco: Jossey-Bass, 1979.

Haan, Norma. "Hypothetical and Actual Moral Reasoning in a Situation of Civil Disobedience." *Journal of Personality and Social Psychology* 32 (1975): 255–270.

Holstein, Constance. "Development of Moral Judgment: A Longitudinal Study of Males and Females." *Child Development* 47 (1976): 51–61.

Horner, Matina S. "Sex Differences in Achievement Motivation and Performance in Competitive and Noncompetitive Situations." Ph.D. Diss., University of Michigan, 1968. University Microfilms #6912135.

————. "Toward an Understanding of Achievement-related Conflicts in Women." *Journal of Social Issues* 28 (1972): 157–175.

Ibsen, Henrik. *A Doll's House* (1879). In *Ibsen Plays,* trans. Peter Watts. Hammondsworth, Eng.: Penguin Books, 1965.

Joyce, James. *A Portrait of the Artist as a Young Man* (1916). New York: The Viking Press, 1956.

Kingston, Maxine Hong. *The Woman Warrior*. New York: Alfred A. Knopf, 1977.

Kohlberg, Lawrence. "The Development of Modes of Thinking and Choices in Years 10 to 16." Ph.D. Diss., University of Chicago, 1958.

———. "Stage and Sequence: The Cognitive-Development Approach to Socialization." In D. A. Goslin, ed., *Handbook of Socialization Theory and Research*. Chicago: Rand McNally, 1969.

———. "Continuities and Discontinuities in Childhood and Adult Moral Development Revisited." In *Collected Papers on Moral Development and Moral Education*. Moral Education Research Foundation, Harvard University, 1973.

———. "Moral Stages and Moralization: The Cognitive-Developmental Approach." In T. Lickona, ed., *Moral Development and Behavior: Theory, Research and Social Issues*. New York: Holt, Rinehart and Winston, 1976.

———. *The Philosophy of Moral Development*. San Francisco: Harper and Row, 1981.

Kohlberg, L., and Gilligan, C. "The Adolescent as a Philosopher: The Discovery of the Self in a Post-conventional World." *Daedalus* 100 (1971): 1051–1086.

Kohlberg, L., and Kramer, R. "Continuities and Discontinuities in Child and Adult Moral Development." *Human Development* 12 (1969): 93–120.

Langdale, Sharry, and Gilligan, Carol. Interim Report to the National Institute of Education. 1980.

Lever, Janet. "Sex Differences in the Games Children Play." *Social Problems* 23 (1976): 478–487.

———. "Sex Differences in the Complexity of Children's Play and Games." *American Sociological Review* 43 (1978): 471–483.

Levinson, Daniel J. *The Seasons of a Man's Life*. New York: Alfred A. Knopf, 1978.

Loevinger, Jane, and Wessler, Ruth. *Measuring Ego Development*. San Francisco: Jossey-Bass, 1970.

Lyons, Nona. "Seeing the Consequences: The Dialectic of Choice and Reflectivity in Human Development." Qualifying Paper, Graduate School of Education, Harvard University, 1980.

Maccoby, Eleanor, and Jacklin, Carol. *The Psychology of Sex Differences*. Stanford: Stanford University Press, 1974.

May, Robert. *Sex and Fantasy*. New York: W. W. Norton, 1980.

McCarthy, Mary. *Memories of a Catholic Girlhood*. New York: Harcourt Brace Jovanovich, 1946.

McClelland, David C. *Power: The Inner Experience*. New York: Irvington, 1975.

McClelland, D. C., Atkinson, J. W., Clark, R. A., and Lowell, E. L. *The Achievement Motive*. New York: Irvington, 1953.

Mead, George Herbert. *Mind, Self, and Society*. Chicago: Univeristy of Chicago Press, 1934.

Miller, Jean Baker. *Toward a New Psychology of Women*. Boston: Beacon Press, 1976.

Murphy, J. M., and Gilligan, C. "Moral Development in Late Adolescence and Adulthood: A Critique and Reconstruction of Kohlberg's Theory." *Human Development* 23 (1980): 77–104.

Perry, William. *Forms of Intellectual and Ethical Development in the College Years*. New York: Holt, Rinehart and Winston, 1968.

Piaget, Jean. *The Moral Judgment of the Child* (1932). New York: The Free Press, 1965.

———. *Six Psychological Studies*. New York: Viking Books, 1968.

———. *Structuralism*. New York: Basic Books, 1970.

Pollak, Susan, and Gilligan, Carol. "Images of Violence in Thematic Apperception Test Stories." *Journal of Personality and Social Psychology* 42, no. 1 (1982): 159–167.

Rubin, Lillian. *Worlds of Pain*. New York: Basic Books, 1976.

Sassen, Georgia. "Success Anxiety in Women: A Constructivist Interpretation of Its Sources and Its Significance." *Harvard Educational Review* 50 (1980): 13–25.

Schneir, Miriam, ed., *Feminism: The Essential Historical Writings*. New York: Vintage Books, 1972.

Simpson, Elizabeth L. "Moral Development Research: A Case Study of Scientific Cultural Bias." *Human Development* 17 (1974): 81–106.

Stack, Carol B. *All Our Kin*. New York: Harper and Row, 1974.

Stoller, Robert, J. "A Contribution to the Study of Gender Identity." *International Journal of Psycho-Analysis* 45 (1964): 220–226.

Strunk, William Jr., and White, E. B. *The Elements of Style* (1918). New York: Macmillan, 1958.

Terman, L., and Tyler, L. "Psychological Sex Differences." In L. Carmichael, ed., *Manual of Child Psychology*. 2nd ed. New York: John Wiley and Sons, 1954.

Tolstoy, Sophie A. *The Diary of Tolstoy's Wife, 1860–1891*, trans. Alexander Werth, London: Victor Gollancz, 1928. (Also in M. J. Moffat and C. Painter, eds., *Revelations*. New York: Vintage Books, 1975.)

Vaillant, George E. *Adaptation to Life*. Boston: Little, Brown, 1977.

Whiting, Beatrice, and Pope, Carolyn. "A Cross-cultural Analysis of Sex Difference in the Behavior of Children Age Three to Eleven." *Journal of Social Psychology* 91 (1973): 171–188.

Woolf, Virginia. *A Room of One's Own*. New York: Harcourt, Brace and World, 1929.

人文社會科學叢書

一、社會工作系列

義工制度的理論與實施	吳美慧等著
成年觀護新趨勢	黃富源、曹光文著
兒童與青少年團體工作	S. D. Rose 等著・邱方晞等譯
動機式晤談法—如何克服成癮行為戒除前的心理衝突	
	W. Miller & S. Rollnick 著・楊筱華譯
老人福利服務	A. Monk 編著・李開敏等譯
社區學校化	社區教育學會主編
組織結社-基層組織領導者手冊	SiKahn 著・陶蕃瀛譯
個案管理	J. Ballew 等著・王 玠、陳雪真等合譯
社會個案工作	潘淑滿著
社會福利計畫	定藤丈弘等編・莊秀美譯
兒童與青少年團體工作	S. Rose 等著・邱方晞等譯
現代社區精神醫療	William R. Breakey 著・郭峰志主譯
弱勢家庭的處遇-系統取向家庭中心工作方法的運用	
	Patricia Minuchin 等著・劉瓊瑛譯
兒童與青少年團體工作	S. Rose 等著・邱方晞等譯

二、兩性教育系列

性屬關係(上)：性別與社會、建構	王雅各主編
性屬關係(下)：性別與文化、再現	王雅各主編
不同的語音：心理學理論與女性的發展	

三、通識教育系列

邏輯與哲學	P. Tidman 等著・劉福增譯
邏輯新論	V. KlenK 著・劉福增編譯
哲學問題-及精采附集	B. Russell 著・劉福增譯
青少年與校園法律實用	李永然著
水墨造形遊戲	吳長鵬著
國畫技法與教學	吳長鵬著
心與腦	徐嘉宏、洪裕宏、梁庚辰、張復等著
語意學新論	國立編譯館主譯・劉福增譯
符號邏輯	彭孟堯著
實用邏輯	Jill LeBlanc 著・劉福增譯

四、社會學系列

「新」醫療社會學：批判與另類的視角	胡幼慧著

教育叢書

一、一般教育系列

教室管理	許慧玲編著
教師發問技巧 (第二版)	張玉成著
質的教育研究方法	黃瑞琴著
教學媒體與教學新科技	R. Heinich 等著・張霄亭總校閱
教學媒體 (第二版)	劉信吾著
班級經營	吳清山等著
班級經營—做個稱職的教師	鄭玉疊等著
國小班級經營	張秀敏著
健康教育—健康教學與研究	晏涵文著
健康生活—健康教學的內涵	鄭雪霏等著

性別教育 4

不同的語音：心理學理論與女性的發展

作　　者：Carol Gilligan
譯　　者：王雅各
執行編輯：林怡君
發 行 人：邱維城
出 版 者：心理出版社股份有限公司
社　　址：台北市和平東路二段 163 號 4 樓
總　　機：(02) 27069505
傳　　真：(02) 23254014
郵　　撥：19293172
 E-mail 　：psychoco@ms15.hinet.net
網　　址：www.psy.com.tw
駐美代表：Lisa Wu
　Tel 　：973 546-5845　　Fax：973 546-7651
登 記 證：局版北市業字第 1372 號
電腦排版：未名打字印刷有限公司
印 刷 者：翔勝印刷有限公司
初版一刷：2002 年 9 月
初版二刷：2003 年 11 月

定價：新台幣 300 元
■ 有著作權・翻印必究 ■
ISBN 957-702-531-5

國家圖書館出版品預行編目資料

不同的語音：心理學理論與女性的發展 /
Carol Gilligan 作；王雅各譯 -- 初版. --
臺北市：心理, 2002 [民91]
　面 ；　公分. -- (性別教育；4)
譯自：In a different voice：
psychological theory and women's
development
ISBN 957-702-531-5（平裝）

1. 婦女　2. 婦女——心理方面　3. 發展心理學

544. 5　　　　　　　　　　　　　91015997

讀者意見回函卡

感謝您購買本公司出版品。為提升我們的服務品質，請惠填以下資料寄回本社【或傳眞(02)2325-4014】提供我們出書、修訂及辦活動之參考。您將不定期收到本公司最新出版及活動訊息。謝謝您！

姓名：_____　性別：1□男 2□女

職業：1□教師 2□學生 3□上班族 4□家庭主婦5□自由業 6□其他_____

學歷：1□博士 2□碩士 3□大學 4□專科 5□高中 6□國中 7□國中以下

服務單位：_____　部門：_____職稱：_____

服務地址：_____電話：_____傳眞：_____

住家地址：_____電話：_____傳眞：_____

電子郵件地址：_____

書名：_____

一、您認為本書的優點：（可複選）

　❶□內容 ❷□文筆 ❸□校對❹□編排❺□封面 ❻□其他_____

二、您認為本書需再加強的地方：（可複選）

　❶□內容 ❷□文筆 ❸□校對❹□編排 ❺□封面 ❻□其他_____

三、您購買本書的消息來源：（請單選）

　❶□本公司 ❷□逛書局⇨_____書局 ❸□老師或親友介紹

　❹□書展⇨____書展 ❺□心理心雜誌 ❻□書評 ❼□其他_____

四、您希望我們舉辦何種活動：（可複選）

　❶□作者演講❷□研習會❸□研討會❹□書展❺□其他_____

五、您購買本書的原因：（可複選）

　❶□對主題感興趣 ❷□上課教材⇨課程名稱_____

　❸□舉辦活動 ❹□其他_____　（請翻頁繼續）

廣　告　回　信
台灣北區郵政管理局登記證
北　台　字　第　8133　號
（免貼郵票）

 心理出版社 股份有限公司

台北市 106 和平東路二段 163 號 4 樓

TEL:(02)2706-9505
FAX:(02)2325-4014
EMAIL:psychoco@ms15.hinet.net

沿線對折訂好後寄回

六、您希望我們多出版何種類型的書籍

❶□心理❷□輔導❸□教育❹□社工❺□測驗❻□其他

七、如果您是老師，是否有撰寫教科書的計劃：□有□無

書名/課程：＿＿＿＿＿＿＿＿＿＿＿＿＿＿＿＿＿

八、您教授/修習的課程：

上學期：＿＿＿＿＿＿＿＿＿＿＿＿＿＿＿＿＿

下學期：＿＿＿＿＿＿＿＿＿＿＿＿＿＿＿＿＿

進修班：＿＿＿＿＿＿＿＿＿＿＿＿＿＿＿＿＿

暑　假：＿＿＿＿＿＿＿＿＿＿＿＿＿＿＿＿＿

寒　假：＿＿＿＿＿＿＿＿＿＿＿＿＿＿＿＿＿

學分班：＿＿＿＿＿＿＿＿＿＿＿＿＿＿＿＿＿

九、您的其他意見

謝謝您的指教！　　　　　　　　　　　　32004